职业教育电子商务
网实一体特色规划教材

王菲　主　编
罗维　刘春青　副主编
付饶　吴享明　郑丹娜　廖媛媛　参　编

电子商务物流实务

清华大学出版社
北京

内 容 简 介

本书主要由初识电子商务物流、我在电商物流部轮岗、我成了电商物流部管理人员3个项目组成。其中项目一和项目二涉及的内容属于岗位基础技能，项目三涉及的内容属于岗位升级技能。本书以两名实习生入职某电商企业物流部门为主线，按照他们的职业生涯发展历程编排教学项目。本书根据其不同阶段所要求具备的岗位技能编排任务及活动，让读者身临其境，与这两名实习生一起学习、成长。另外，每个项目还配备"工作日记"，从故事中向读者传授一些职业素养，使教材能"教人"的同时也"育人"。

本书通过创设情景、任务实训等手段，为学生提供电子商务物流的基础知识与技能训练，是电子商务专业及物流专业的专业基础课程用书。

本书封面贴有清华大学出版社防伪标签，无标签者不得销售。
版权所有，侵权必究。举报：010-62782989，beiqinquan@tup.tsinghua.edu.cn。

图书在版编目(CIP)数据

电子商务物流实务/王菲主编．—北京：清华大学出版社，2017(2022.8重印)
(职业教育电子商务"网实一体"特色规划教材)
ISBN 978-7-302-47538-5

Ⅰ.①电⋯ Ⅱ.①王⋯ Ⅲ.①电子商务－物流－中等专业学校－教材 Ⅳ.①F713.36 ②F252

中国版本图书馆CIP数据核字(2017)第140505号

责任编辑：孟毅新
封面设计：傅瑞学
责任校对：刘　静
责任印制：宋　林

出版发行：清华大学出版社
网　　址：http://www.tup.com.cn，http://www.wqbook.com
地　　址：北京清华大学学研大厦A座　　　邮　编：100084
社 总 机：010-83470000　　　　　　　　　邮　购：010-62786544
投稿与读者服务：010-62776969，c-service@tup.tsinghua.edu.cn
质量反馈：010-62772015，zhiliang@tup.tsinghua.edu.cn
课件下载：http://www.tup.com.cn，010-62770175-4278

印 装 者：北京国马印刷厂
经　　销：全国新华书店
开　　本：185mm×260mm　　　印　张：12.25　　　字　数：279千字
版　　次：2017年8月第1版　　　　　　　　　　　印　次：2022年8月第6次印刷
定　　价：39.00元

产品编号：070003-02

前言

一直以来，物流的发展是电子商务发展的重要因素。过去高成本、低效率的物流配送服务让众多的电子商务企业苦不堪言。大部分的中小电商企业在物流管理方面面临诸多问题，如缺乏专业仓储管理技术，仓储现场混乱，人工效率低，物流成本高，用户体验不佳，发错货、丢货、发货时间过长等投诉源源不断。这些问题成了电子商务企业发展壮大的绊脚石。然而，随着国家积极部署推进"互联网＋物流"，电子商务物流有了新的突破。

一些大型的电子商务企业以及一些第三方物流企业充分利用互联网大数据平台的支撑，通过智慧仓储系统、配送系统，进行智能分货、高效配送，最终在低成本的情况下让消费者在下单后体验到当日达或次日达的物流服务。比如京东自2007年自建物流以后，不断创新物流技术，积极布局智能物流。其通过"互联网＋物流"向用户提供了极致的物流体验的同时，还大大降低了物流成本。据报道，2015年第四季度京东平均每单履约成本约10.7元。同期，国美在线大件平均每单履约成本约60元，小件履约成本约25元，远高于京东。因此，物流配送已成为京东"前端用户体验、后端成本效率"的核心竞争力，让对手望尘莫及。

本书是清华大学出版社重点课题——"基于互联网＋业务型实训环境开展网实一体课程改革实践与探索"的成果之一，基于"互联网＋物流"这一电子商务物流新趋势，通过创设情景、任务实训等手段，为学生提供电子商务物流的基础知识与技能训练。本书适用于职业院校的电子商务专业及物流专业，是这两个专业的专业基础课程用书。

教材以两名实习生入职某电商企业物流部门为主线，按照他们的职业生涯发展历程编排教学项目。实习生初次接触电子商务物流，然后在电商物流部各个岗位轮岗，最后成为电商物流部一名管理人员。本书根据其不同阶段所要求具备的岗位技能编排任务及活动，让读者身临其境，与这两名实习生一起学习、成长。另外，每个项目还配备"工作日记"，借故事向读者传授一些职业素养，使教材能"教人"的同时也"育人"。

根据电子商务物流从业人员的职业生涯发展历程，本教材分为三大项目：初识电子商务物流、我在电商物流部轮岗、我成了电商物流部管理人员。其中项目一和项目二涉及的内容属于岗位基础技能，项目三涉及的内容属于岗位升级技能。本书建议教学课时为72课时，具体课时分配见下表。

推荐课时分配表

项　　目	任　　务	课时
项目一　初识电子商务物流（共12课时）	任务1　认识电子商务与现代物流	4
	任务2　分析电子商务物流的特点	4
	任务3　明确电子商务物流岗位	4
项目二　我在电商物流部轮岗（共34课时）	任务1　我是电商物流部跟单员	6
	任务2　我是电商物流部仓储作业员	6
	任务3　我是电商物流部分拣员	6
	任务4　我是电商物流部打包员	6
	任务5　我是电商物流部售后员	10
项目三　我成了电商物流部管理人员（共26课时）	任务1　学习电子商务物流日常管理	4
	任务2　运用电商物流信息技术进行管理	4
	任务3　选择电商物流模式	6
	任务4　管理第三方物流服务供应商	6
	任务5　了解跨境电商环境下的物流服务	6
合　　计		72

　　本书由王菲担任主编，负责全书统稿，罗维与刘春青担任副主编。其中，罗维撰写项目一；付饶撰写项目二的任务1、任务2；郑丹娜撰写项目二的任务3、任务4；廖媛媛撰写项目二的任务5；吴享明撰写项目三的任务1、任务2和任务3；王菲撰写项目三的任务4、任务5。另外感谢安得物流股份有限公司的吴亮对书稿进行了专业的审核，并给出了宝贵的修改意见。

　　由于编者水平有限，书中难免有不足之处，敬请读者批评指正。

编　者

2017年6月

目录

项目一 初识电子商务物流 ·· 1
  工作日记　开启我的职业生涯 ·· 1
  任务1　认识电子商务与现代物流 ·· 3
    活动1　了解电子商务及其模式 ·· 3
    活动2　认识现代物流及其发展趋势 ·· 6
  任务2　分析电子商务物流的特点 ·· 10
    活动1　了解"互联网＋物流" ·· 10
    活动2　分析电子商务物流的特点 ·· 14
  任务3　明确电子商务物流岗位 ·· 17
    活动1　了解岗位及结构 ·· 18
    活动2　明确岗位职责 ·· 21
  项目总结 ·· 25
  项目检测 ·· 25

项目二 我在电商物流部轮岗 ·· 28
  工作日记　有师傅的感觉真好 ·· 28
  任务1　我是电商物流部跟单员 ·· 29
    活动1　审核电子商务原始订单 ·· 31
    活动2　制作汇总单及配货单 ·· 38
    活动3　打印快递单 ·· 41
  任务2　我是电商物流部仓储作业员 ·· 49
    活动1　认识仓储设备 ·· 50
    活动2　了解仓库布局 ·· 60
    活动3　验收货物 ·· 65
    活动4　分配储位 ·· 71
    活动5　补货作业 ·· 73
  任务3　我是电商物流部分拣员 ·· 77
    活动1　选择合适的分拣策略 ·· 78
    活动2　根据相关单证备货 ·· 80
    活动3　扫描验货 ·· 83
  任务4　我是电商物流部打包员 ·· 84

  活动1 明确打包功能 ……………………………………………… 85
  活动2 选择包装材料 ……………………………………………… 87
  活动3 使用包装工具 ……………………………………………… 91
  活动4 联系物流、发货 …………………………………………… 93
 任务5 我是电商物流部售后员 ……………………………………………… 95
  活动1 跟踪物流 …………………………………………………… 95
  活动2 做好售后物流客户服务 …………………………………… 98
  活动3 熟悉退换货流程 …………………………………………… 100
  活动4 撰写退换货说明模板 ……………………………………… 102
  活动5 处理退换货出现问题 ……………………………………… 104
项目总结 ……………………………………………………………………… 106
项目检测 ……………………………………………………………………… 107

项目三 我成了电商物流部管理人员 ……………………………… 112

工作日记 做中学，学中做 ……………………………………………… 112
 任务1 学习电子商务物流日常管理 ……………………………………… 113
  活动1 盘点商品 …………………………………………………… 114
  活动2 养护商品 …………………………………………………… 118
  活动3 存放及堆码商品 …………………………………………… 122
 任务2 运用电商物流信息技术进行管理 ………………………………… 125
  活动1 了解电子商务环境下的物流信息化 …………………… 126
  活动2 运用条码技术采集数据 …………………………………… 129
  活动3 使用WMS信息系统 ……………………………………… 136
 任务3 选择电商物流模式 ………………………………………………… 144
  活动1 熟悉电商物流模式 ………………………………………… 145
  活动2 分析电商物流模式选择因素 ……………………………… 147
  活动3 了解新型物流模式 ………………………………………… 149
 任务4 管理第三方物流服务供应商 ……………………………………… 150
  活动1 了解常见第三方物流服务供应商 ……………………… 152
  活动2 明确第三方物流服务供应商择优条件 ………………… 155
  活动3 设置淘宝后台运费模板 …………………………………… 158
  活动4 设计物流说明 ……………………………………………… 161
 任务5 了解跨境电商环境下的物流服务 ………………………………… 164
  活动1 认识跨境电商的物流模式 ………………………………… 165
  活动2 比较和选择国际快递 ……………………………………… 168
  活动3 掌握国际运费的计算 ……………………………………… 170

活动 4　填写国际快递运单……………………………………… 174
　　项目总结……………………………………………………………… 175
　　项目检测……………………………………………………………… 175

项目检测答案……………………………………………………………… 182

参考文献…………………………………………………………………… 187

初识电子商务物流

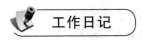

开启我的职业生涯

我叫陈晓玲,是某职业院校电子商务专业的三年级学生。前几天我通过了面试,获得了进入小松鼠贸易有限公司的电商物流部实习的机会。和我一起通过面试的还有我们学校物流专业的李辉同学。

小松鼠贸易有限公司是一家主营各类休闲零食、果干坚果、冲调饮料、饼干糕点等纯互联网食品贸易企业,在淘宝、天猫、京东、当当网等平台中皆开设了店铺。今天是实习的第一天,我心情无比地激动。站在电商物流部的门口,按捺住心里的激动,我整理了一下自己的衣着,沉着地走入了电商物流部。老员工林青热情地将我们带到了经理室,杨经理很热情地起身和我们握手。

杨经理:"欢迎你俩来到我们部门啊!"

我:"谢谢杨经理,能够进入您这个部门我很荣幸,从今天开始,我会好好努力,认真工作的!"

杨经理:"小陈很有热情啊,非常棒,要保持住哦!公司很重视对你们两位新员工的培养,准备让你俩先进行轮岗实习,每个月进入一个新的岗位实习,五个月后由公司根据个人的能力以及岗位的需要进行定岗实习。"

李辉:"杨经理,我们会好好努力的。"

杨经理:"今天是你们实习的第一天,刚才带你们进来的是林青,先让他带你们去熟悉熟悉我们部门吧!"

我:"谢谢杨经理,要麻烦林哥了!"

林青:"别客气,大家都是同事。来吧,我带你们去转转。"

我:"谢谢林哥!"

当我们跟着林青来到仓库,我看到仓库货架上整整齐齐地堆放着商品,工作人员忙碌地穿梭其中。仓库的出库区已经堆了不少准备发出的包裹,几位同事正在有条不紊、默契十足地进行打包发货。我不由感叹:"哇,林哥,仓库每天要发出的包裹不少啊!"

林青自豪地说:"是啊,我们公司的生意不错,每天发到全国各地的包裹很多。不过,你看,大家通力合作,这些包裹不成问题。"

林青看我已对在这里工作充满了憧憬,继续说:"虽然我们的工作量很大,但是在合理地利用一些软件及设备的情况下,效率还是很高的。"

我:"嗯,我知道了。这些我都要赶紧学习熟练起来。"

林青:"对。另外,我们这里还非常讲究合作。团队合作也是非常重要的。在公司大促的时候,团队的力量显得更为重要。"

我:"我知道了,以后请前辈们多多指教。"

李辉:"是啊,请林哥多多指教。"

项目综述

陈晓玲是某职业院校电子商务专业的三年级学生。目前,她通过了面试,进入小松鼠贸易有限公司的电商物流部实习。小松鼠贸易有限公司是一家主营各类休闲零食、果干坚果、冲调饮料、饼干糕点等纯互联网食品贸易企业,在淘宝、天猫、京东、当当网等平台中皆开设了店铺。小松鼠贸易有限公司电商物流部的经理热情地接待了陈晓玲,并委派老员工林青带领陈晓玲熟悉公司情况。林青打算从两个方面着手来引导陈晓玲熟悉工作,一方面是让陈晓玲了解并掌握电子商务物流的基础知识,如电子商务及其模式、电子商务物流的特点、了解"互联网+物流"等;另一方面林青觉得让陈晓玲了解公司的职能架构、熟悉电子商务物流的岗位设置和工作内容也非常有必要,了解电商物流部各岗位的工作职责与内容,为下一步轮岗工作打下基础。

项目目标

通过本项目的学习,应达到的具体目标如下。

知识目标:

(1) 认识电子商务与物流;

(2) 了解电子商务物流的特点;

(3) 了解电子商务物流不同岗位的岗位职责;

(4) 认识不同岗位的工作内容。

技能目标:

能够阐述电子商务物流不同岗位的岗位职责。

情感目标:

(1) 培养认真谨慎的职业素养;

(2) 培养行业服务意识。

项目任务

任务1 认识电子商务与现代物流

任务2 分析电子商务物流的特点

任务3 明确电子商务物流岗位

任务1 认识电子商务与现代物流

◆ 情景再现

【人物】电商物流部老员工林青、小陈

【地点】电商物流部

【对话】

林青：小陈，你对电子商务和现代物流了解多少呀？我要考考你哦！

小陈：林哥，我是电子商务专业的，对电子商务还算了解。但是对现代物流了解就少了，只知道我们网购的时候需要用到快递。

林青：好，我两个都跟你讲讲，要认真学习哦！

小陈：好的。

……

◆ 任务分解

学习电子商务物流，既要熟悉电子商务，也要了解现代物流。林青认真地向小陈讲解起来，电子商务和现代物流的内容很多，林青先仔细地将基础的内容向小陈介绍起来。

本任务分解为以下两个活动：了解电子商务及其模式和认识现代物流及其发展趋势。

活动1 了解电子商务及其模式

◆ 活动背景

林青跟小陈说，首先要了解的就是电子商务及其模式，这是他们工作中最基本的内容。小陈认真地点点头，开始记录林青跟她讲的内容。

◆ 活动实施

一、认识电子商务

电子商务是利用计算机技术和网络通信技术进行的商务活动。电子商务即使在各国或不同的领域有不同的定义，但其关键依然是依靠着电子设备和网络技术进行的商业模式，随着电子商务的高速发展，它已不仅包括其购物的主要内涵，还包括物流配送等附带服务。电子商务包括电子货币交换、供应链管理、电子交易市场、网络营销、在线事务处理、电子数据交换（EDI）、存货管理和自动数据收集系统。在此过程中，利用到的信息技术包括互联网、外联网、电子邮件、数据库、电子目录和移动电话等。

常见的电子商务网站Logo如图1.1.1所示。

图 1.1.1　常见的电子商务网站 Logo

想一想

电子商务就是商务电子化吗？

广义上讲，电子商务一词源自 Electronic Business，就是通过电子手段进行的商业事务活动。通过使用互联网等电子工具，使公司内部、供应商、客户和合作伙伴之间，利用电子业务共享信息，实现企业间业务流程的电子化，配合企业内部的电子化生产管理系统，提高企业的生产、库存、流通和资金等各个环节的效率。

狭义上讲，电子商务是指通过使用互联网等电子工具（包括电报、电话、广播、电视、传真、计算机、计算机网络、移动通信等）在全球范围内进行的商务贸易活动，是以计算机网络为基础所进行的各种商务活动，包括商品和服务的提供者、广告商、消费者、中介商等有关各方行为的总和。人们一般理解的电子商务是指狭义上的电子商务。

亚马逊公司的 Logo，如图 1.1.2 所示。

亚马逊公司（Amazon）简称亚马逊，是美国最大的一家网络电子商务公司，位于华盛顿州的西雅图，是网络上最早开始经营电子商务的公司之一。亚马逊成立于 1995 年，一开始只经营网络的书籍销售业务，现在则扩及了范围相当广的其他产品，已成为全球商品品种最多的网上零售商和全球第二大互联网企业。在公司名下，也包括了 Alexa Internet、A9、Lab126 和互联网电影数据库（Internet Movie Database，IMDB）等子公司。亚马逊及其他销售商为客户提供数百万种独特的全新、翻新及二手商品，如图书、影视、音乐、游戏、数码下载、电子、计算机、家居园艺用品、玩具、婴幼儿用品、食品、服饰、鞋类、珠宝、健康和个人护理用品、体育及户外用品、玩具、汽车及工业产品等。

图 1.1.2　亚马逊公司的 Logo

二、了解电子商务的模式

电子商务模式是指企业运用互联网开展经营取得营业收入的基本方式。传统的观点是将企业的电子商务模式归纳为 B2C（Business to Customer）、B2B（Business to Business）、C2B（Customer to Business）、C2C（Customer to Customer）、B2G（Business to Government）、BMC（Business Medium Customer）、ABC（Agents Business Customer）七种经营模式。

其中最常见的电子商务模式是以下三种类型。

（1）企业与消费者之间的电子商务（Business to Customer，B2C）。这是消费者利用互联网直接参与经济活动的形式，类同于商业电子化的零售商务。随着互联网的出现，网上销售迅速地发展起来。

（2）企业与企业之间的电子商务（Business to Business，B2B）。B2B方式是电子商务应用最多和最受企业重视的形式，企业可以使用因特网或其他网络对每笔交易寻找最佳合作伙伴，完成从定购到结算的全部交易行为。

（3）消费者与消费者之间的电子商务（Customer to Customer，C2C）。C2C商务平台就是通过为买卖双方提供一个在线交易平台，使卖方可以主动提供商品上网拍卖，而买方可以自行选择商品进行竞价。

C2C模式，如图1.1.3所示。

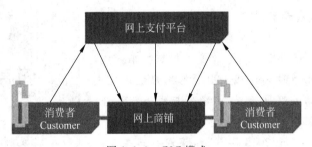

图1.1.3　C2C模式

电子商务模式在不断地创新，人们经常用到的团购属于哪种模式呢？

电子商务模式随着其应用领域的不断扩大和信息服务方式的不断创新，电子商务的类型也层出不穷，除了常见的B2C、B2B、C2C以外，O2O也成为新型的电子商务模式。

线下商务与互联网之间的电子商务（Online To Offline，O2O）。这样线下服务就可以用线上来揽客，消费者可以用线上来筛选服务，而成交可以在线结算，很快达到规模。该模式最重要的特点是推广效果可查，每笔交易可跟踪。如一些餐饮企业利用线上的团购活动销售餐饮套餐，顾客在线上购买后，必须到店（线下）进行消费。这就是典型的O2O活动。

知识窗

近些年,移动电子商务发展非常迅猛。移动电子商务不仅提供电子购物环境,还提供一种全新的销售和信息发布渠道。从信息流向的角度,移动电子商务提供的业务可分为以下3个方面。

(1)"推(Push)"业务:主要用于公共信息发布。应用领域包括时事新闻、天气预报、股票行情、彩票中奖公布、交通路况信息、招聘信息和广告等。

(2)"拉(Pull)"业务:主要用于信息的个人定制接收。应用领域包括服务账单、电话号码、旅游信息、航班信息、影院节目安排、列车时刻表、行业产品信息等。

(3)"交互式"(Interactive)业务:包括电子购物、博彩、游戏、证券交易、在线竞拍等。

 **做一做**

滴滴出行是中国的一款打车平台,如图1.1.4所示。它称为手机"打车神器",是受用户喜爱的打车应用。目前,滴滴已从出租车打车软件,成长为涵盖出租车、专车、快车、顺风车、代驾及大巴等多项业务在内的一站式出行平台。

滴滴出行诞生于2012年,它改变了传统打车方式,建立培养出大移动互联网时代下引领的用户现代化出行方式。利用移动互联网特点,将线上与线下相融合,从打车初始阶段到下车使用线上支付车费,最大限度优化乘客打车体验。截至2015年3月,滴滴打车在全国已经突破1亿用户,日均订单量也突破了521.83万单,覆盖了包括北、上、广、深等超过178家一二线城市,使用滴滴打车的司机也超过了90万人。

图1.1.4 滴滴出行

试分析以上案例中的滴滴打车属于哪种电子商务模式。

活动评价

林青的讲述告一个段落,小陈看看自己的笔记,若有所思。林青问小陈有些什么收获,小陈想了想回答:"林哥,在学校的学习多在理论上进行,今天您给我举了不少实际的例子,还给我介绍了最新的电子商务模式,我觉得与电子商务更接近了!"听到小陈这样回答,林青满意地点了点头。

活动2 认识现代物流及其发展趋势

活动背景

讲述完电子商务的模式,林青觉得有必要让小陈了解一下现代物流及其功能特点。小陈稍有疑惑地问林青:"林哥,物流就是我们经常接触的快递吗?那不是很简单吗?就是收货、送货。"林青严肃了起来,他说:"快递只是现代物流的一小部分。现代物流可不简单,通过掌握现代物流技术,我们能大大降低流通成本,提高流通效率。"

活动实施

一、认识现代物流

现代物流(Modern Logistics)是指将信息、运输、仓储、库存、装卸搬运以及包装等物流活动综合起来的一种新型的集成式管理,其任务是尽可能降低物流的总成本,为顾客提供最好的服务。

广东深华现代医药物流中心,如图1.1.5所示。

图1.1.5　广东深华现代医药物流中心

2015年1月8日,广东深华现代医药物流中心在广东丰顺落成。该物流中心投资2.3亿元兴建,占地50亩,全面运用信息化管理,覆盖以粤东地区为中心的20多个地区,承担着多家市县级以上医院和200多家乡镇卫生院及4 000多家药店、诊所和卫生站的药品供应配送任务,是目前粤东地区自动化程度最高、药品种类最全、配送范围最广、占地面积最大的现代医药物流配送中心。

 想一想

现代物流与传统物流有什么区别呢?

传统物流一般指产品出厂后的包装、运输、装卸、仓储,而现代物流提出了物流系统化或叫总体物流、综合物流管理的概念,并付诸实施。具体地说,就是使物流向两头延伸并加入新的内涵,使社会物流与企业物流有机结合在一起,从采购物流开始,经过生产物流,再进入销售物流,与此同时,要经过包装、运输、仓储、装卸、加工、配送到达用户(消费者)手中,最后还有回收物流。可以这样讲,现代物流包含了产品从"生"到"死"的整个物理性的流通全过程。

传统物流与现代物流的区别主要表现在以下几个方面。

(1) 传统物流只提供简单的位移,现代物流则提供增值服务。

(2) 传统物流是被动服务,现代物流是主动服务。

(3) 传统物流实行人工控制,现代物流实施信息管理。

(4) 传统物流无统一服务标准,现代物流实施标准化服务。

(5) 传统物流侧重点到点或线到线服务,现代物流构建全球服务网络。

(6) 传统物流是单一环节的管理,现代物流是整体系统优化。

传统货代企业向现代物流企业转化,如图1.1.6所示。

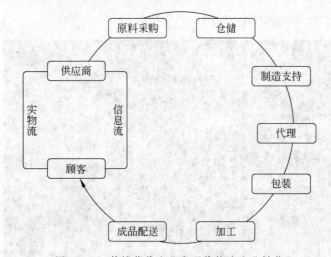

图1.1.6 传统货代企业向现代物流企业转化

通过现代物流和传统物流的对比,归纳出现代物流的特征。

 友情提示

现代物流的主要特征包括物流反应快速化、物流功能集成化、物流服务系列化、物流作业规范化、物流目标系统化、物流手段现代化、物流组织网络化、物流经营市场化、物流信息电子化等。

二、现代物流的发展趋势

第三方物流日益成为物流服务的主导方式。从欧美看,生产加工企业不再拥有自己的仓库,而由另外的配送中心为自己服务,已经成为一种趋势。

知识窗

1998年美国某机构对制造业500家大公司的调查显示,将物流业务交给第三方物流企业的货主占69%(包括部分委托)。同时研究表明,美国33%和欧洲24%的非第三方物流服务用户正积极考虑使用第三方物流服务。

信息技术、网络技术日益广泛用于物流领域,物流与电子商务日益融合。20世纪70年代电子数据交换技术(EDI)在物流领域的应用曾简化了物流过程中烦琐、耗时的订单处理过程,使供需双方的物流信息得以即时沟通,物流过程中的各个环节得以精确衔接,极大地提高了物流效率。而互联网的出现则促使物流行业发生革命性的变化,基于互联网的及时准确的信息传递满足了物流系统高度集约化管理的信息需求,保证了物流网络各点和总部之间以及各网点之间信息的充分共享。

除此之外,物流全球化也是现代物流发展的主要趋势之一。物流全球化包含两层含义,一是指经济全球化使世界越来越成为一个整体,大型公司特别是跨国公司日益从全球的角度来构建生产和营销网络,原材料、零部件的采购和产品销售的全球化相应地带来了物流活动的全球化。二是指现代物流业正在全球范围内加速集中,并通过国际兼并与联盟,形成越来越多的物流巨无霸。

国际快递FedEx与TNT,如图1.1.7所示。

图1.1.7 国际快递FedEx与TNT

1998年,欧洲天地邮政(TNT)以3.6亿美元兼并法国第一大国内快递服务公司Jef Service。1999年,英国邮政以5亿美元兼并德国第三大私人运输公司German Parcel。这些兼并活动不仅拓宽了企业的物流服务领域,同时也大大增强了企业的市场竞争力。

活动评价

小陈觉得,听完林青的介绍,确实对现代物流的了解更加深入了,特别是通过一些案例的分析,现代物流的概念在小陈心中一下子清晰起来。小陈觉得,这样的学习让自己获益匪浅,更加坚定了自己要不断进步的决心。

任务 2 分析电子商务物流的特点

情景再现

【人物】电商物流部老员工林青、小陈

【地点】电商物流部

【对话】

林青：有没有想过这两个原本各自独立的概念，如果结合起来，会有什么不一样的效果呀？

小陈：呃？这个还真没想过呢。

林青：那你自己去查查资料，深入了解一下电子商务物流。

小陈：好的，我现在就去。

……

任务分解

小陈上网收集了一下基本的资料，觉得要了解电子商务物流首先要从时下的热词"互联网+"开始。

本任务分解为以下两个活动：了解"互联网+物流"和分析电子商务物流的特点。

活动 1 了解"互联网+物流"

活动背景

小陈通过互联网开始收集与电子商务物流相关的信息，小陈觉得自己的视野突然就拓宽了许多，对于互联网带来的行业改变，内心充满了惊叹。

活动实施

一、了解"互联网+"

"互联网+"是"创新 2.0"下的互联网发展的新业态，是知识社会"创新 2.0"推动下的互联网形态演进及其催生的经济社会发展新形态。"互联网+"是互联网思维的进一步实践成果，推动经济形态不断地发生演变，从而带动社会经济实体的生命力，为改革、创新、发展提供广阔的网络平台。

"互联网+"利用互联网的平台，利用信息通信技术，把互联网和包括传统行业在内的各行各业结合起来，在新的领域创造一种新的生态。

"互联网+"就是简单的"互联网+传统行业"吗？

通俗地说，"互联网+"就是"互联网+传统行业"，但这并不是简单的两者相加，而是利用信息通信技术以及互联网平台，让互联网与传统行业进行深度融合，创造新的发展生态。它代表一种新的社会形态，即充分发挥互联网在社会资源配置中的优化和集成作用，将互联网的创新成果深度融合于经济、社会各领域之中，提升全社会的创新力和生产力，形成更广泛的以互联网为基础设施和实现工具的经济发展新形态。

从 2000 年嘉德在线揭开艺术品电商的序幕，到 2013 年国内首个艺术品移动电商——翰墨千秋艺术交易中心 APP 上线，艺术品电商实现了从 PC 端到移动端的跨越。艺术品借助互联网的发展和优势摸索了一条在线交易的道路。2015 年"互联网+"正式出现在政府报告中，互联网+艺术品风头正劲，如图 1.2.1 所示。

图 1.2.1　互联网+改变艺术品电商行业格局

"互联网+"相当于给传统行业加一双"互联网"的翅膀，然后助飞传统行业。比如互联网金融，由于与互联网的相结合，诞生出了很多普通用户触手可及的理财投资产品，比如余额宝、理财通以及 P2P 投融资产品等；比如互联网医疗，传统的医疗机构由于互联网平台的接入，使人们实现在线求医问药成为可能，这些都是最典型的"互联网+"的案例。

互联网金融服务平台，如图 1.2.2 所示。

事实上，"互联网+"这种产品模式也不是 2015 年才有的。互联网也的确已经改变了人们身边很多的传统领域，尤其是在餐饮娱乐领域，"互联网+"早已深入人们的生活。

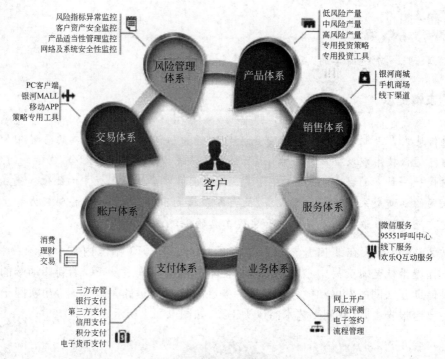

图 1.2.2　互联网金融服务平台

"互联网＋电视娱乐"已经催生了众多的视频网站;而"互联网＋餐厅"催生了众多的团购和外卖网站;"互联网＋婚姻交友"催生了众多的相亲交友网站等。

二、了解"互联网＋物流"

在互联网经济背景下,物流企业需要密切配合电子商务企业,为顾客或厂商提供便捷迅速的服务时,要保证作业的时效性,让顾客在期望的时间内获得他所需要的货物。互联网及大数据带来了物流的指挥系统的升级。

首先,在物流信息技术应用上,随着手持终端设备的开发和移动互联网 APP 应用的不断成熟,使物流企业内部运作信息同步,分拣中转、装卸运输、揽收派送等环节更加协同有效。

其次,大数据应用使物流企业之间,电商与物流行业之间形成联动机制。

菜鸟网络的股权结构及各出资方的功能如图 1.2.3 所示。

菜鸟网络的天网预警雷达和物流路径优化是典型应用。菜鸟网络是电子商务物流开放数据平台,在电商销售旺季,一方面,菜鸟网络通过销售数据预测订单产生规模、地点、物流路径,指导物流企业提前配置资源,缓解物流压力;另一方面,菜鸟网络根据物流压力运输指导电商商家调整营销策略,从货源端减少物流系统压力。目前菜鸟网络天网预警雷达的预测准确率达 95% 以上,让物流公司实时掌握整张物流网络每个环节的"未来包裹量预测"和"繁忙度实况预警"。

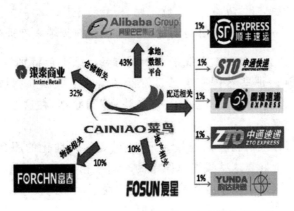

图1.2.3 菜鸟网络的股权结构及各出资方的功能

想一想

你觉得"菜鸟网络"是电子商务物流在大数据背景下的一次成功突破吗?

物流的过程是社会产成品从厂商转移到消费者的过程,互联网改变的不仅是物流的"动",更重要的在于如何"少动"甚至"不动",这背后是商品流通体系潜移默化的转型升级。

物流是一个不断接力的过程,是社会资源实现合理调配的过程,互联网让社会信息从不对称变得对称,实现社会资源的优化配置。

近年来,随着大数据的不断发展,物流社会化应用日新月异,从亚马逊推出的出租车顺路送货,到DHL在瑞典试点的众包模式"路人送货",这些都是典型案例。

据《华尔街日报》报道,亚马逊目前在美国洛杉矶和旧金山两市试行出租车送快递服务,以实现一小时内到货的目标。另外,亚马逊正在想更多的方法拓展出租车快递服务,但是不清楚亚马逊何时把此服务从两市拓展开来。出租车司机将会安装一款名为Flywheel的APP,为亚马逊送小件包裹,而每个司机会收到5美元的佣金。为了完成"一小时送达"的物流目标,亚马逊做了很多尝试,甚至动用了无人飞机为自己送货。而这次的尝试虽然没有无人飞机的科技范儿,但可行性更高,而且能降低物流成本,所以推广价值更高。与此同时,Google和eBay也在发展当天送达的物流服务,行业竞争颇为激烈。

知识窗

在"互联网+"时代,物流智能化趋势明显。在运输环节、UPS、Google、DHL和国内的顺丰都自行开发了载货无人机,德国甚至已经开始投入应用;在仓储环节,亚马逊的KIVA拣货机器人标志着电商仓储管理已经进入新时代;各国配送机器人项目也在研发中。

未来3~5年,随着高速铁路、大型高速船舶、绿色航空、新能源汽车、智能交通、智能仓储、新材料技术、节能环保技术,特别是"物联网和下一代信息技术"、现代管理科学技术等在物流领域的推广和应用，互联网、移动互联、大数据、云计算将与物流业深度融合，让物流更加"智慧化""智能化"，这些都会对物流业的转型升级带来促进作用。

DHL 在瑞典推出了一个新的在线平台 MyWays。该平台特别针对"定时达"服务设计了相应的手机 APP。那些希望在自己日常活动路线上顺路获得收入的市民，可成为 DHL 的"捎带"志愿者。这个计划遵循了"众包快递"的原则，在这个平台上，特定的投递服务被外包给个人志愿者。

MyWays 应用将在线购物者们连接起来，提供更为人性化的服务，将他们的包裹通过个人来投递。如果正好与这些投递志愿者的时间表相吻合且顺路，志愿者可进行捎带并从中获得一定的收入。对于接收者来说，这也方便了他们接收包裹，可自行选择投递日期和时间，无疑简化了"最后一公里"的投递进程。

请以小组形式讨论案例中的"MyWays 应用"是如何简化了"最后一公里"的投递进程的。

活动评价

通过自己在网络上查询相关的信息和案例，小陈终于觉得自己心里有了点儿底，以前一直觉得"互联网＋"就是简单的"互联网＋传统行业"，现在对电子商务物流的认识更深了，也意识到这 6 个字其实也没有那么简单。

活动 2　分析电子商务物流的特点

活动背景

了解了什么是"互联网＋物流"，小陈觉得有必要进一步对电子商务物流做更加深入的了解，电子商务物流都有哪些特点呢？

活动实施

电子商务时代的来临，给全球物流带来了新的发展，使物流具备了一系列新特点。

一、信息化

电子商务时代，物流信息化是电子商务的必然要求。物流信息化表现为物流信息的商品化、物流信息收集的数据库化和代码化、物流信息处理的电子化和计算机化、物流信息传递的标准化和实时化、物流信息存储的数字化等。

条码技术，如图 1.2.4 所示。

条码技术（Barcode）、数据库技术（Database）、电子订货系统（Electronic Ordering System，EOS）、电子数据交换（Electronic Data Interchange，EDI）、快速反应（Quick

图 1.2.4　条码技术

Response,QR）及有效的客户反应（Effective Customer Response,ECR）、企业资源计划（Enterprise Resource Planning,ERP）等技术与观念在我国的物流中将会得到普遍的应用。信息化是一切的基础，没有物流的信息化，任何先进的技术设备都不可能应用于物流领域，信息技术及计算机技术在物流中的应用将会彻底改变世界物流的面貌。

想一想

你还知道一些什么物流信息技术呢？

二、自动化

自动化的基础是信息化，自动化的核心是机电一体化，自动化的外在表现是无人化，自动化的效果是省力化，另外还可以扩大物流作业能力、提高劳动生产率、减少物流作业的差错等。物流自动化的设施非常多，如条码、语音、射频自动识别系统，自动分拣系统，自动存取系统，自动导向车，货物自动跟踪系统等。这些设施在发达国家已普遍用于物流作业流程中，而在我国由于物流业起步晚，发展水平低，自动化技术的普及还需要相当长的时间。

中联网仓一期华东旗舰仓自动分拣系统，如图 1.2.5 所示。

图 1.2.5　中联网仓一期华东旗舰仓自动分拣系统

2014年3月29日国内首家高自动化电商仓配中心——中联网仓一期华东旗舰仓在江苏丹阳正式揭开了神秘面纱。5万平方米超大体量、总长超过10千米的全进口输送设备以及全球领先的智能集成系统等,都彻底颠覆了传统仓储行业的运营理念。

三、网络化

物流领域网络化的基础也是信息化,这里指的网络化有两层含义:一是物流配送系统的计算机通信网络,包括物流配送中心与供应商或制造商的联系要通过计算机网络,另外与下游顾客之间的联系也要通过计算机网络通信;二是组织的网络化,即所谓的企业内部网(Intranet)。

物流配送中心向供应商提出订单这个过程可以通过什么计算机通信方式实现呢?

物流配送中心向供应商提出订单这个过程,可以借助于增值网(Value Added Network,VAN)上的电子订货系统(EOS)和电子数据交换技术(EDI)来自动实现,物流配送中心通过计算机网络收集下游客户的订货的过程也可以自动完成。

中国台湾地区的计算机业在20世纪90年代创造出了"全球运筹式产销模式"。这种模式的基本点是按照客户订单组织生产,生产采取分散形式,即将全世界的计算机资源都利用起来,采取外包的形式将一台计算机的所有零部件、元器件、芯片外包给世界各地的制造商去生产,然后通过全球的物流网络将这些零部件、元器件和芯片发往同一个物流配送中心进行组装,由该物流配送中心将组装的计算机迅速发给客户。这一过程需要有高效的物流网络支持,当然物流网络的基础是信息、计算机网络。

物流的网络化是物流信息化的必然,是电子商务下物流活动的主要特征之一。当今世界Internet等全球网络资源的可用性及网络技术的普及为物流的网络化提供了良好的外部环境,物流网络化不可阻挡。

四、智能化

智能化是物流自动化、信息化的一种高层次应用,物流作业过程大量的运筹和决策,如库存水平的确定、运输(搬运)路径的选择、自动导向车的运行轨迹和作业控制、自动分拣机的运行、物流配送中心经营管理的决策支持等问题都需要借助于大量的知识才能解决。在物流自动化的进程中,物流智能化是不可回避的技术难题。好在专家系统、机器人等相关技术在国际上已经有比较成熟的研究成果。为了提高物流现代化的水平,物流的智能化已成为电子商务下物流发展的一个新趋势。

项目一 初识电子商务物流

你觉得智能化是物流发展的必然趋势吗,为什么?

五、柔性化

柔性化本来是为实现"以顾客为中心"的理念而在生产领域提出的,但要真正做到柔性化,即能真正地根据消费者需求的变化来灵活调节生产工艺,没有配套的柔性化的物流系统是不可能达到目的的。

20世纪90年代,国际生产领域纷纷推出弹性制造系统(Flexible Manufacturing System,FMS)、计算机集成制造系统(Computer Integrated Manufacturing System, CIMS)、制造资源系统(Manufacturing Requirement Planning,MRP)、企业资源计划(Enterprise Resource Planning,ERP)以及供应链管理的概念和技术,这些概念和技术的实质是要将生产、流通进行集成,根据需求端的需求组织生产、安排物流活动。因此,柔性化的物流正是适应生产、流通与消费的需求而发展起来的一种新型物流模式。这就要求物流配送中心要根据消费需求"多品种、小批量、多批次、短周期"的特色,灵活组织和实施物流作业。

活动评价

做完这次信息收集,小陈觉得电子商务物流确实是一个广阔的世界,自己也非常的有兴趣。她决定要认真学习,一定要在这个行业有所收获。

任务3 明确电子商务物流岗位

情景再现

【人物】电商物流部老员工林青、小陈

【地点】电商物流部

【对话】

林青:小陈,我觉得这段时间你已经对电子商务物流有了初步的认识了哦。

小陈:嗯,要感谢林哥的帮助呢!

林青:今天我来给你介绍一下公司的职能架构吧,明确电子商务物流岗位也很有必要!

小陈:好的,那麻烦林哥给我介绍一下吧。

……

任务分解

要了解电子商务物流的岗位设置情况,首先要厘清不同类型的企业本身的组织架构情况。

本任务分解为以下两个活动:了解岗位及结构和明确岗位职责。

活动1　了解岗位及结构

活动背景

林青告诉小陈,不同类型的企业其电子商务的组织架构其实是不一样的,因此,要了解电子商务物流的岗位职责,首先要弄清楚不同类型的企业电子商务组织架构是怎样的。

活动实施

一、三种不同类型的企业电子商务组织架构图

企业电子商务组织架构包括:生产型、贸易型、网商型三种企业。前两种企业和第三种企业的区别在于,前者的产品来源于企业内部的生产或代理业务,而网商型的企业需要另外去订货,所以在电子商务的业务中间会增加采购部。另外,对于非网商型的企业,相对于电子商务部来说其他都是协作部门,对于网商型的企业来说分为管理类部门和业务部门。生产型、贸易型、网商型三种类型的企业电子商务组织架构图分别如图1.3.1~图1.3.3所示。

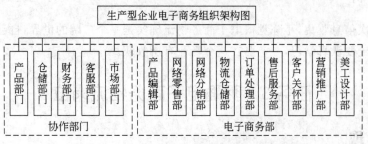

图1.3.1　生产型企业电子商务组织架构图

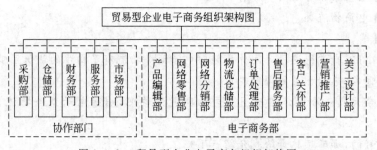

图1.3.2　贸易型企业电子商务组织架构图

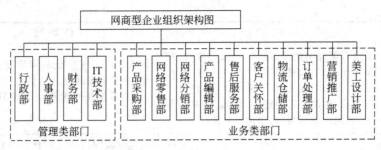

图 1.3.3 网商型企业组织架构图

二、电子商务部门职责及岗位设置（表 1.3.1）

表 1.3.1 电子商务部门职责及岗位设置

部门名称	部 门 职 能	岗位设置
管理协调小组	由公司管理层组成工作小组，总经办直接领导，工作内容包括战略规划、运营实施、项目监督、员工培训、管理部署、企业文化建设等	电子商务总监
产品编辑部	负责产品图片拍摄、处理，产品描述编辑，产品上架等	产品编辑
		摄影师
网络零售部	承担网上零售工作，负责在线答复客户、销售商品、订单处理等	零售主管
		销售客服
网络分销部	负责网络分销商的招募、管理、发货、技术支持等	分销主管
物流仓储部	负责管理仓库，进货、打包发货、进销存管理等	物流主管
		配货员
		打包员
订单处理部	负责打印发货清单、快递单、安排发货、监督运输等	复核员
		打单员
售后服务部	负责接待售后客户，处理纠纷、退换货、评价处理、客户答疑	售后客服
客户关怀部	负责老客户关系维护及二次开发，客户数据库建立、数据分析、决策支持等	客户关怀
营销推广部	负责品牌宣传推广、网络软营销、广告、网店运营、网店促销等	营销专员
美工设计部	负责产品图片编辑、网店装修与美化，市场营销工作的美工支持	美工

三、物流岗位职能与任职要求（表 1.3.2）

表 1.3.2 物流岗位职能与任职要求

岗位设置	岗 位 职 能	任 职 要 求
物流主管	负责仓库管理、物流管理、部门员工管理	掌握淘宝知识和网店业务流程；熟练使用进销存软件；熟悉产品知识，掌握各种产品的包装技巧；对快递物流的规则非常了解

续表

岗位设置	岗位职能	任职要求
跟单员	负责打印发货清单、快递单、安排发货、监督运输等；电商销售订单跟进管理、客户信息管理；日常对账结算工作；客户验厂与货检，电商事宜跟进等；包装、物料的跟进，外购产品联络，快递运单对账	熟练掌握淘宝知识和网店管理的各项功能；熟练掌握网店产品信息及产品专业知识；熟练使用相关网店管理软件；工作耐心细致
仓储作业员	公司仓库商品库位规划管理、商品出入库及存放管理	熟练掌握网店产品信息及产品专业知识；熟练掌握仓储管理相关知识；熟悉货物储存相关知识；熟练使用仓储管理软件；工作耐心细致
分拣员	按照配货单进行分拣配货、质检	熟练掌握网店产品信息及产品专业知识，工作耐心细致
打包员	对完成配货的商品进行打包，物流快递管理及订单发货处理	熟悉各类商品打包技巧，熟悉快递物流规则，进行发货处理，工作耐心细致
售后员	负责接待售后客户，处理纠纷、退换货、评价处理、客户答疑等	熟练掌握网店产品信息及产品专业知识，沟通能力强，能妥善处理各类客户纠纷

你可以说出物流主管的主要岗位职责是什么吗？

物流主管的岗位职责很多，首先需要在部门上级领导下，全面负责所在库区的各项行政和业务管理工作。除此外，物流主管的岗位职责还包括：负责组织所在库区员工和工人学习业务知识，教育员工牢记公司基本法及企业文化的所有内容，树立为客户、为销售服务的理念，不断提高业务技能和职业道德水平；严格按业务工作流程处理日常业务工作，带领本库所有人员圆满完成仓储任务；负责本库区对上级制定的各项规章制度的具体贯彻落实执行工作；负责对所在库区商品的装卸、堆码、贮存等方面的管理工作；对违规现象进行制止，对违规行为进行查处，对重大问题应及时上报；组织本库员工认真开展6S管理活动，保证库区整洁；确保商品和员工人身安全；定期组织员工进行消防知识的学习，练习消防器材使用，指定专人负责管理，确保库房消防设施完好无损；不折不扣地完成上级交给的其他任务等。

表1.3.3是某公司入库盘点责任单，请你分析这张单涉及电子商务物流部的哪些岗位职责。

表 1.3.3　入库盘点责任单

事　　项	结果	时间	责任人
1. 商品标注牌是否丢失或者模糊			
2. 保证货位平时变更与 ERP 的同步			
3. 商品排放情况			
4. 商品存放质量(防止变形、潮湿、破损、有污迹等)			
5. 日常盘点情况			
6. 对所发现的问题及时做出处理			

活动评价

在林青的帮助下,小陈不仅弄清楚了不同类型的企业电子商务组织架构情况,也对电子商务物流部的岗位设置情况有了初步的了解。她觉得自己下一步需要详细了解每个岗位的职责是什么。

活动 2　明确岗位职责

活动背景

在了解了电子商务物流部的岗位设置情况后,小陈向林青提出希望进一步了解每个岗位的详细职责的要求,林青对她这种深入探究的方法予以了表扬,然后详细地向她讲解起来。

活动实施

一、跟单员职责(表 1.3.4)

表 1.3.4　跟单员岗位职责表

工作任务	每天 16 点前付款的订单全部当天审完;将审完的订单全部打完
工作内容	(1) 根据订单上的商品、备注、地址等详情选择快递公司(每天 10 点、16 点审单) (2) 根据备注内容修改配货物品与收货人信息 (3) 如有特殊原因暂不能发货的订单,暂不导入进销存,将问题反馈给相关负责人,并跟进 (4) 审单后,客服部如有临时修改,如已打单,必须将原来的那张订单找出撕毁后再重新创建订单并通知打单员打单 (5) 每天下班前须登录所负责的线上业务后台,检查是否有漏审或漏点发货的订单,如有,须及时处理 (6) 快速整理并打印订单,具体订单包含汇总单、配货单、快递单等,每天保持 16 点之前付款的订单可以第一时间打印出来交由配货人员,并及时通知补货员 (7) 配合售后、订单客服打单及订单修改(第一时间处理售后、订单客服需要打印或修改的订单并核对信息是否一致) (8) 整理底单并分类,配合售后、订单客服取件查单 (9) 配合后道打印不干胶,空闲时负责叠纸盒

例：跟单员负责订单管理，网店后台的订单管理界面如图1.3.4所示。

图1.3.4 订单管理界面

你觉得订单处理是一件很重要的工作吗？该工作最需要具备什么样的职业素质？

打单助手如图1.3.5所示。

二、仓储作业员职责（表1.3.5）

表1.3.5 仓储作业员岗位职责表

工作任务	做好仓库内货品的日常管理工作，进行整体的仓储物流规划
工作内容	(1) 制定相关流程制度，实现公司仓储管理、订单处理标准化和规范化 (2) 根据业务发展需求，进行整体的仓储物流规划，优化仓库库位规划和商品仓储管理 (3) 所有发货单验完货确定无误后点发货；根据业务发展需求及运营指标，管理合作物流，提升客户体验，降低物流费用 (4) 定期对库存进行盘点，并管理库存，进行库存同步、库存预警，帮助产品中心持续改善断货率、库存周转等指标

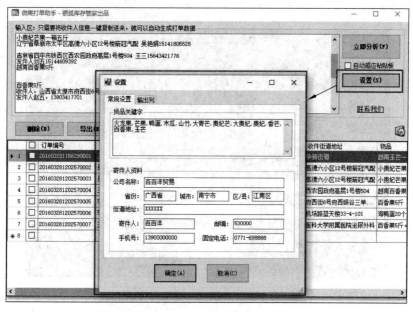

图 1.3.5　打单助手

三、分拣员职责（表 1.3.6）

表 1.3.6　分拣员岗位职责表

工作任务	把当天打出来的汇总单全部分拣备完,并按每张配货单明细逐一配好货以待验货
工作内容	(1) 熟悉商品知识,熟悉自身工作流程,清楚配货要求 (2) 按订单规定的区域和货架号拣货,确保先进先出,负责发货出库及退货验收 (3) 根据订单要求,从存储区商品中间订单所需商品分拣出来,放到发货暂区准备发货 (4) 配货出库时,必须按发货单核对商品规格、数量办理配置出库手续,如有疑问或不符时,及时与相关人员联系,严禁私自改单 (5) 退货验收时,须根据退货管理规定执行,如有疑问或不符时,及时与相关人员联系 (6) 熟练开展拣货作业,认真完成每日拣货任务,保证拣货品种、数量准确无误,分拣正确率100%,快速准确的进行分拣工作

小米"双十一"货仓备货区,如图 1.3.6 所示。

四、打包员职责（表 1.3.7）

表 1.3.7　打包员岗位职责表

工作任务	将验好货的产品打包好,并按不同快递公司分类叠放好,打包完成根据要发的快递公司联系收件员收件
工作内容	(1) 将验好货的商品和客户存根的配货单一同装进快递盒,并放入小礼品,装好后用专用封口条封好快递盒 (2) 包装完成后按实际所需的快递公司分别联系收件员上门收件 (3) 物流来取件后,需与物流核对单据数量,确保不丢单、不漏单,分类整理好转交财务

手动打包如图 1.3.7 所示。

图 1.3.6　小米"双十一"货仓备货区

图 1.3.7　手动打包

五、售后员职责(表 1.3.8)

表 1.3.8　售后员岗位职责表

工作任务	处理好客户维修及退换货等需求,确保客户享受到优质的售后服务
工作内容	(1) 根据《售后签收流程》确定客户的来件是签收还是拒收 (2) 登记好所有来件的详细信息并知会相关人员处理 (3) 客户退回来的商品,必须检测核实好,标出处理方案,统一登记资料后发给相关客服人员,由客服人员跟进知会客户 (4) 对于换货的客户,确保换出去的机器都经过质量的检测,避免再次出现因产品质量问题而遭到客户投诉

做一做

请 5 人一组,分角色阐述各自的工作内容和职责范围。

活动评价

经过林青的系统梳理,小陈终于对电子商务物流部的整个架构不再模糊了,对各个岗位的工作内容和职责范围也逐渐了解。小陈心里默默想,作为一个新人,希望自己能够把每个岗位都轮换一次,掌握每个岗位的工作要点,争取全面完善自己的职业技能和素养。

项目总结

在互联网经济背景下,物流企业需要密切配合电子商务企业,在为顾客或厂商提供便捷迅速的服务的同时,要保证作业的时效性,让顾客在期望的时间内获得他所需要的货物。互联网及大数据带来物流的指挥系统的升级。

现代物流的主要特征包括物流反应快速化、物流功能集成化、物流服务系列化、物流作业规范化、物流目标系统化、物流手段现代化、物流组织网络化、物流经营市场化、物流信息电子化等。

电子商务物流的岗位设置一般包括物流主管、打单员、仓储作业员、分拣员、打包员、售后员等。

本项目知识是后续项目的基础内容,学生通过了解电子商务物流的基础知识,分析电子商务物流的岗位设置,帮助学生构建该门课程的整体框架。

项目检测

一、单选题

1. 以下不属于电子商务物流岗位的是( )。
   A. 打包员　　　B. 售后员　　　C. 美工　　　D. 跟单员
2. 以下不是传统物流和现代物流的区别的是( )。
   A. 传统物流只提供简单的位移,现代物流则提供增值服务
   B. 传统物流是被动服务,现代物流是主动服务
   C. 传统物流设备老旧,现代物流设备新颖
   D. 传统物流无统一服务标准,现代物流实施标准化服务
3. ( )是物流自动化、信息化的一种高层次应用。
   A. 智能化　　　B. 集成化　　　C. 柔性化　　　D. 灵活化
4. 下列不属于"互联网+"的范畴的是( )。
   A. 余额宝　　　　　　　　B. 互联网医疗
   C. 淘宝　　　　　　　　　D. P2P 投融资产品

5. 电子商务时代,物流(　　)是电子商务的必然要求。
　　A. 进一步整合　　　　　　　　　B. 深度扩张
　　C. 全面发展新项目　　　　　　　D. 信息化

二、多选题

1. 电子商务模式包括(　　)。
　　A. 企业与消费者之间的电子商务(Business to Customer,B2C)
　　B. 企业与企业之间的电子商务(Business to Business,B2B)
　　C. 消费者与消费者之间的电子商务(Customer to Customer,C2C)
　　D. 线下商务与互联网之间的电子商务(Online To Offline,O2O)
2. 跟单员需要打印的单证包括(　　)。
　　A. 退货单　　　B. 汇总单　　　C. 配货单　　　D. 快递单
3. 以下选项中属于现代物流的主要特征的是(　　)。
　　A. 物流反应快速化　　　　　　　B. 物流手段现代化
　　C. 物流内容扩大化　　　　　　　D. 物流组织网络化
4. 电子商务物流的工作岗位包括(　　)。
　　A. 零售员　　　B. 打包员　　　C. 营销专员　　　D. 分拣员
5. 以下属于售后人员的工作内容的是(　　)。
　　A. 根据《售后签收流程》确定客户的来件是签收还是拒收
　　B. 登记好所有来件的详细信息并知会相关人员处理
　　C. 客户退回来的商品,必须检测核实好,标出处理方案,统一登记资料后发给相关客服人员,由客服人员跟进知会客户
　　D. 对于换货的客户,确保换出去的机器都经过质量的检测,避免再次出现因产品质量问题而遭到客户投诉

三、判断题

1. 物流是一个不断接力的过程,是社会资源实现合理调配的过程,互联网让社会信息从不对称变得对称,实现社会资源的优化配置。　　　　　　　　　　　　(　　)
2. 从信息流的角度,移动电子商务提供的业务包括"推(Push)"业务。　　(　　)
3. 在电子商务物流部分应该设置网络营销岗位。　　　　　　　　　　　　(　　)
4. 配合后道打印不干胶,空闲时负责叠纸盒不属于跟单员的工作内容。　　(　　)
5. 分拣员的工作任务是将验好货的产品打包好,并按不同快递公司分类叠放好,打包完成后根据要发的快递公司联系收件员收件。　　　　　　　　　　　(　　)

四、简答题

1. 什么是电子商务?
2. 现代物流的主要特征包括哪些?

五、实训题

熟悉组织架构。
(1) 小松鼠贸易有限公司是一家主营各类休闲零食、果干坚果、冲调饮料、饼干糕

点等互联网食品贸易企业,在淘宝、天猫、京东、当当网等平台中皆开设了店铺。你觉得小松鼠贸易有限公司是什么类型的组织架构,请画出小松鼠贸易有限公司的组织架构图。

(2)请以5~6人为一组,通过上网收集资料或实地考察的方式了解三种不同类型的企业电子商务组织架构情况,要求以考察报告形式上交成果。

我在电商物流部轮岗

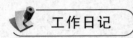

有师傅的感觉真好

我叫李辉,今天是我和陈晓玲来电商物流部的第二天。第一天老员工林哥给我们介绍了公司的情况和岗位结构。公司电商物流部有五大岗位:跟单员、仓储作业员、分拣员、打包员、售后员。按照杨经理的规划,我们将从今天开始在这5个岗位中轮岗实习,5个月后再根据我们的能力和公司的需求定岗。

一大早,杨经理就把我俩带到物流作业区,来到物流作业区,映入眼帘的是堆积成山的货品和操作有序的作业人员,心里产生很多的疑问,处理数量这么大的货品如果是我参与其中,肯定会手忙脚乱,为什么人家会做得这么好?真想和杨经理沟通一下达到这样的状态的根源。

我:"杨经理,你们是如何达到作业效率如此之快的?"

杨经理:"我们公司物流部在成立之初就规定凡是部门员工以1个月为单位进行岗位轮换,这样的岗位轮训让每个人心中都对各项工作程序了然于心,配合起工作来也得心应手。"

我:"杨经理,那我和陈晓玲从哪个岗位开始呢?"

杨经理:"根据你们俩的专业和面试时的表现,陈晓玲先在跟单员和售后员岗位轮训,你就从仓储作业员、分拣员和打包员岗位开始轮训。你们看怎么样?"

我:"很高兴接受这样的安排,终于有了可以上手操作的机会了,杨经理我们刚出校门,马上要上手操作有些困难,能不能给我俩找个师傅,这样就可以很快进入工作环境。"

杨经理:"小李和小陈,你们想的问题我早帮你们解决好了,公司的人员培养制度也是师徒制,我给小陈找了跟单部的方明主管,给你找了仓储部的罗技主管,这两个人都是公司的业务精英。"

杨经理把我俩介绍给了两位主管,我俩给两位主管鞠躬,算是开始拜师学艺了。两位主管非常热情地把我们带到了工作岗位。作为一名职场新人,面对工作真的很茫然,不知道如何着手,也不知道怎样才能做好。有了师傅,心里一下安定了很多,而且公司的传统文化也能够很好地传承。我感觉公司的师徒制实习非常好。接下来的几个月,我一定会尽快熟练岗位工作,尽量提高自身的工作能力。

 项目综述

小松鼠贸易有限公司是一家主营各类休闲零食、果干坚果、冲调饮料、饼干糕点等纯互联网食品贸易企业,在淘宝、天猫、京东、当当网等平台中皆开设了店铺。公司为方便管理,设有行政部、财务部、人力资源部、运营部、市场部、技术部、电商客服部、电商物流部八大部门。其中,电商物流部有跟单员、仓储作业员、分拣员、打包员以及售后员5个岗位。

陈晓玲和李辉通过面试,进入小松鼠贸易有限公司的电商物流部实习。初来乍到,陈晓玲和李辉看到电商物流部的同事们正在忙碌而有序地工作,不由得心潮澎湃,想尽快加入工作中。电商物流部杨经理要求他俩先进行轮岗实习,每个月进入1个新的岗位实习,5个月后由公司根据个人的能力以及岗位的需要进行定岗实习。在轮岗实习的5个月中,陈晓玲和李辉需要掌握跟单员、仓储作业员、分拣员、打包员以及售后员5个岗位的职责以及熟练掌握这5个岗位要求的工作技能。

项目目标

通过本项目的学习,应达到的具体目标如下。

知识目标:
(1) 了解不同岗位的岗位职责;
(2) 认识不同岗位的工作内容。

技能目标:
(1) 能根据原始订单完成跟单工作;
(2) 能验收货物、分配储位、进行补货作业;
(3) 能选择合适的分拣策略进行货物分拣;
(4) 能选择合适的包装材料进行货物打包;
(5) 能正确处理售后物流问题。

情感目标:
(1) 培养谨慎、细致的工作态度;
(2) 培养精益求精的工作精神。

项目任务

任务1　我是电商物流部跟单员
任务2　我是电商物流部仓储作业员
任务3　我是电商物流部分拣员
任务4　我是电商物流部打包员
任务5　我是电商物流部售后员

任务1　我是电商物流部跟单员

情景再现

【人物】跟单部主管方明、陈晓玲
【地点】跟单业务部办公室(图2.1.1所示)

图 2.1.1　跟单员在工作

【对话】

陈晓玲：方主管，今天我们公司有近百订单量，对于我这个新手来讲，怎样才能更快地提高订单的审单和打单效率？

方主管：我们要制定一个科学合理的工作流程，以更快地进行订单处理。你知道审单和打单的流程吗？

陈晓玲：我在课堂上学到过，可是这么大的订单量，我怕出现什么工作失误。

方主管：不要紧，我们一步一步来学。

……

任务分解

陈晓玲跟着方主管进入了物流跟单员办公室，方主管开始讲解物流跟单员是做什么的，如何做好此项工作。

本次任务可分为3个活动：审核电子商务原始订单、制作汇总单及配货单和打印快递单。

设备准备

台式计算机及针式打印机，如图 2.1.2～图 2.1.3 所示。

图 2.1.2　台式计算机　　　　　　　图 2.1.3　针式打印机

活动 1　审核电子商务原始订单

活动背景

物流跟单工作是货品发货流程最关键的节点之一,要想保质保量完成工作,就要努力提高跟单效率。小松鼠贸易公司因每天的订单量比较大,为了更好地提高客户服务水平,引进了最先进的网店管理软件——网店管家,方主管现在就给陈晓玲介绍网店管家是如何进行电子商务原始订单审核的。

活动实施

一、电子商务订单获取

(1)将网店管家从官方网站进行下载,并启动网店管家软件系统,如图 2.1.4～图 2.1.6 所示。

图 2.1.4　网店管家官方网站

图 2.1.5　网店管家下载界面

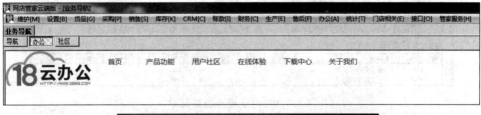

图 2.1.6　网店管家云端版和 esAPI 云端版初始化界面

（2）通过网店管家云端版抓单功能模块进行 API 订单抓取，如图 2.1.7 所示。

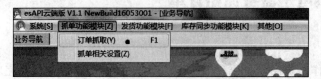

图 2.1.7　网店管家 API 抓单界面

 知识窗

电商订单是指在电子商务活动中，买家与卖家达成的关于产品或服务的要约。从一般意义上讲，订单是一份来自顾客的请求。电商订单的本质是双赢约定，并被有效履行。

如果没有进行淘宝、京东网进行接口设置，可以用 Excel 导入原始订单进入网店管家或手工新建订单。本任务采用手工建单的形式获取电子商务原始订单，如图 2.1.8 所示。

订单号	处理	网名	收件人	地区	货款合计	应	抵扣金额	应收合计	物流方式	合并备注	店铺名	来源
JY1606210005	0小时	乌云盖顶	颜晚系	辽宁省 沈阳	189	0	0	189	冰鲜快递	顺丰快递加冰袋	七喜铺	手工新建
JY1606210004	0小时	乌云盖顶	颜晚系	辽宁省	360	0	0	360	干果快递	申通快递	七喜铺	手工新建
JY1606210001	5小时	晒幸福的猫	方明慧	北京 北京市	433	0	0	433	冰鲜快递	顺丰快递包邮(加冰袋)	小时候的...	手工新建

图 2.1.8　网店管家手工建单界面

二、对以手工建单的形式获取的电子商务原始订单进行审核（图 2.1.9）

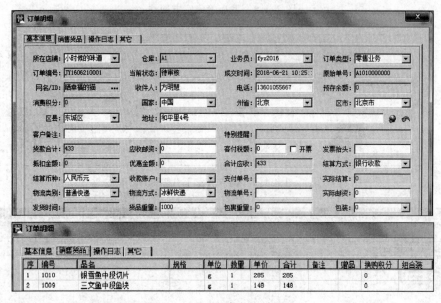

图 2.1.9　电子商务原始订单

（1）如果订单状态正常，进行审核后经财务复核，订单处于打单出库的状态，如图 2.1.10 所示。

图 2.1.10 正常订单审核通过界面

 **知识窗**

订单颜色为紫色是正常订单,跟单员可进行正常审核。

订单颜色为黄色是异常单,表示同一 ID 存在未付款的订单。

订单颜色为红色表示订单状态异常。

（2）如果审核原始订单未通过,首先要对未通过审核订单的订单类型、发货仓库、货运方式、包装方式等进行修改,如图 2.1.11 所示。

图 2.1.11 修改订单界面

 **知识窗**

修改未通过审核订单的情况

① 同网名订单,判断其收件人、收货人信息是否也一致,如果网名、收件人和收货信息一致,则可以选择这样的同网名订单进行修改合并。

② 对于网名相同,但收件人或收货地址不同,经与客户联系后可以统一为一个收货人和收货地址的,对这样的订单要进行修改。

③ 对默认的快递公司到达不到的地方选择新的快递公司的,对这样的订单要进行修改。

④ 对买家个性化需求和异常订单,需要进行修改。

⑤ 支持异地多仓的商品,在发货时应按客户收货地址就近发货,对这样的订单要进行修改。

⑥ 对商家单品或店铺暂时或长久的促销活动,需赠品、价格优惠、折扣支持的订单,要进行修改。

同客户未合并订单界面如图 2.1.12 所示。

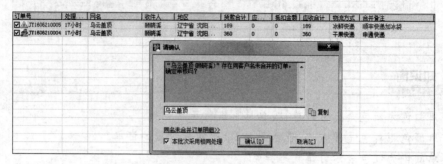

图 2.1.12　同客户未合并订单界面

如果你是物流跟单员,此次关于顾客顾晓溪的情况,你将如何处理?

修改未通过审核订单的三个重要工作细节

① 看备注:备注里面是客户记录的一些特殊情况,是需要处理的,有要求的就处理好,比如:需要开立发票,需要特殊包装方式。

② 看买家留言:有些买家买东西的时候拍下一个产品,继而备注其他的产品,对于备注的产品如果跟单员不加到订单中的产品明细中去,那么备注的产品是不会扣减库存的。

③ 看地址改快递:确定好备注,留言都没问题了,那么就看快递能到与否,如果买家地址是指定的快递公司不到的,那么就必须换成其他能到的快递公司。

（3）如果此次需审核的订单中订购商品的库存情况不能满足顾客需求。将有如下三种方式对其进行处理,如图 2.1.13 所示。

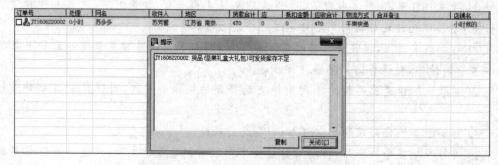

图 2.1.13　订单货品可发货库存不足界面

① 转预订单。如货品不足商品为坚果礼盒大礼包,等待坚果礼盒大礼包采购的情况,先将坚果礼盒大礼包库存不足的订单转入预订单中,等待补货后再由预订单转入审核操作。

a. 将未审核的订单转为预订单,并填入预订类别"库存缺货",如图 2.1.14 所示。

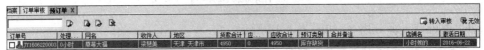

图 2.1.14 转预订单界面

b. 进行货品采购,为货品的补货做准备,如图 2.1.15 所示。

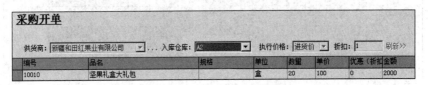

图 2.1.15 采购预补货界面

c. 货物采购完毕,并验收入库,货品补货工作完成,如图 2.1.16 所示。

图 2.1.16 货品补货完成界面

d. 进行订单的再审核,如果审核状态成功,订单状态为打单出库,如图 2.1.17 所示。

图 2.1.17 订单审核通过界面

② 订单拆分。订单中部分货品库存不足,先将订单拆分,优先对有库存的货品做发货处理。对拆分出来的有货的订单转入审核操作。

a. 进行货品订单审核,如审核未通过,可以进行订单拆分,如图 2.1.18 所示。

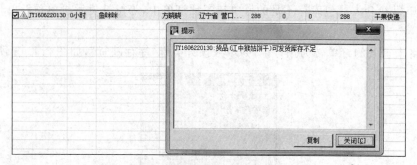

图 2.1.18　订单货品可发货库存不足界面

b. 进行订单拆分成功,如图 2.1.19 所示。

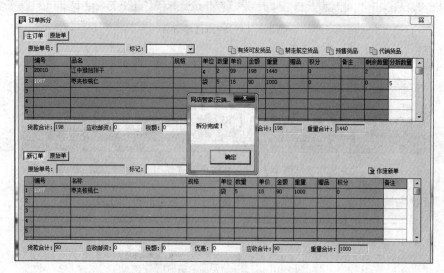

图 2.1.19　订单拆分界面

c. 对库存充足的订单进行订单审核,审核状态成功为打单出库状态,如图 2.1.20 所示。

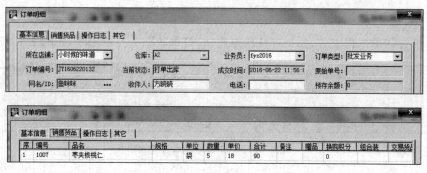

图 2.1.20　订单审核通过界面

③ 代销发货。因小松鼠公司并没有订单中江中猴姑饼干的库存,已经将订单由供应商福建省正鸿富食品有限公司直接做发货处理,如图 2.1.21 所示。

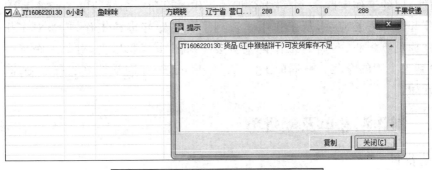
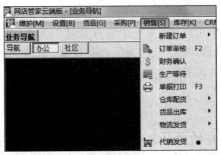

图 2.1.21 代销发货界面

(4) 最后如果订单状态出现异常,也会影响审核进度,比如出现客户取消订单的状态和客户增订的状态,如图 2.1.22 所示。

图 2.1.22 取消订单界面

① 客户取消状态在填明缺货原因之后,订单自动取消。客户取消订单,常常会造成许多损失,因此在业务处理上需要与客户就此问题进行协商。若目前订单处于已分配未出库状态,则应从已分配未出库销售资料里找出此订单,将其删除,并恢复相关品项的库存资料;若此订单处于已拣货状态,则应从已拣货未出库销售资料里找出此笔订单,将其删除,并恢复相关品项的库存资料,且将已拣取的物品按拣货的相反顺序放回拣货区。

② 客户增订状态就需要跟单员先查询客户的订单目前处于何种状态,是否还未出货,是否还有时间再去拣货。如果接受增订,则应追加此笔增订资料。若客户订单处于已分配状态,则应修改已分配未出库销售资料文件里的该笔订单资料,并更改物品库存档案资料。

活动评价

通过一周的工作实践,一个科学合理的工作流程和一个好的电子商务 ERP 软件让我们工作起来很得心应手,从工作中学习到了要想做好审核工作,应当对工作的各个细节的把握更有耐心,一周的工作让我学会了对工作尽职尽责,对每一个细节更加用心,也得到了主管的夸奖。一周的工作已经结束,已经和同学约好去打羽毛球,放松从这一刻开始。

活动2　制作汇总单及配货单

活动背景

数据整合工作对于跟单员来讲,是一个细致繁杂的工作,小松鼠贸易有限公司各网络平台订货量大,商品种类繁多,需要工作人员具有认真、负责、细心、耐心的工作态度,方主管正在教陈晓玲如何使用网店管家进行汇总单和配货单的制作。

活动实施

一、用网店管家软件开始对已审核完毕的订单进行汇总操作

(1) 勾选所有已经审核好的订单,如图 2.1.23 所示。

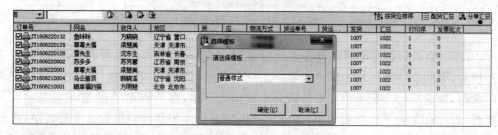

图 2.1.23　已审订单界面

(2) 单击分单汇总按钮,并确定汇总单模板,如图 2.1.24 所示。

图 2.1.24　进行分单汇总界面

(3) 生成分单汇总单,如图 2.1.25 所示。

(4) 将分单汇总单进行打印,汇总单制作完毕。

分单汇总单						
编号	品名	规格	单位	数量	货位	分布
1007	枣夹核桃仁		袋	15	20101	(1)×5,(6)×10
1008	和田大枣		袋	13	20102	(3)×3,(4)×10
20010	江中猴姑饼干		g	20	20103	(2)×20
1010	银雪鱼中段切片		g	1	A10101	(7)×1
1009	三文鱼中段鱼块		g	1	A10102	(7)×1
1006	巴旦木		袋	115	A20201	(3)×5,(5)×100,(6)×10
10010	坚果礼盒大礼包		盒	22	A20202	(3)×5,(4)×2,(5)×15

打印时间:2016-06-22 下午　　　　　　　　　打单人:陈晓玲　　　　配货人:

图 2.1.25　分单汇总单生成界面

二、用网店管家软件开始对已审核完毕的订单进行配货单制作

(1) 勾选所有已经审核好的订单,如图 2.1.26 所示。

订单号	网名	收件人	地区	货	应	物流方式	货运单号	货运	发货	汇总
JY1606220132	鱼咪咪	方晓晓	辽宁省 营口	90	0	干果快递	0	1007	1023
JY1606220129	草莓大福	梁慧美	天津 天津市	1600	0	干果快递	1007	1007	1023
JY1606220128	雪先生	沈东生	吉林省 长春	935	0	干果快递	1005	1007	1023
JY1606220002	苏多多	苏芳馨	江苏省 南京	470	0	干果快递	0	1007	1023
JY1606220001	草莓大福	梁慧美	天津 天津市	3070	0	干果快递	0	1007	1023
JY1606210004	乌云盖顶	顾晓溪	辽宁省 沈阳	360	0	干果快递	1007	1007	1023
JY1606210001	晒幸福的猫	方明慧	北京 北京市	433	0	冰鲜快递	1002	1007	1022

图 2.1.26　勾选已审订单界面

(2) 单击配货单汇总按钮,弹出操作异常的提示,如图 2.1.27 所示。

订单号	网名	收件人	地区	货	应	物流方式	货运单号	货运	发货	汇总	打印序	发票批
JY1606220132	鱼咪咪	方晓晓	辽宁省 营口	90	0	干果快递						0
JY1606220129	草莓大福	梁慧美	天津 天津市	1600	0	干果快递						0
JY1606220128	雪先生	沈东生	吉林省 长春	935	0	干果快递	网店管家(云端版)				×	0
JY1606220002	苏多多	苏芳馨	江苏省 南京	470	0	干果快递	不允许对多个仓库进行配货汇总,操作被取消!					0
JY1606220001	草莓大福	梁慧美	天津 天津市	3070	0	干果快递						0
JY1606210004	乌云盖顶	顾晓溪	辽宁省 沈阳	360	0	干果快递			确定			0
JY1606210001	晒幸福的猫	方明慧	北京 北京市	433	0	冰鲜快递						0

图 2.1.27　配货单汇总异常状态提示界面

 想一想

如果你是此笔业务的操作员,进行配货单汇总操作的过程中出现这样的操作提示会让你以后的工作注意什么?

(3) 打单员调出货品的仓库分布情况发现前 6 个订单货品在 A2 仓库存放,最后 1 个订单货品在 A1 仓库存放,如图 2.1.28 所示。

(4) 打单员获取此信息后,将两个仓库货品配货单分别进行汇总,如图 2.1.29 所示。

(5) 将两个仓库的配货汇总单进行打印,配货汇总单制作完毕。

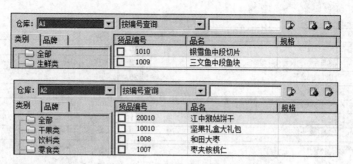

图 2.1.28 仓库货品分布图

图 2.1.29 进行配货汇总界面

活动评价

我如期完成了任务,对于汇总中出现的技术问题都在部门主管的指导下一一解决,有了同事的帮助和自己的刻苦学习,终于结束了一项工作任务,通过此次网店管家软件的学习和操作,为提升自己以后的工作能力和水平夯实了基础。

活动3 打印快递单

活动背景

小松鼠贸易公司每日的订单量达上百,特别是"双11"活动的时候达到上千甚至上万,所以小松鼠贸易有限公司引进了好用快递单打印软件进行打单,方主管正在教陈晓玲如何使用打单软件进行打单及在没引进打单软件之前用 Word 软件进行制单打单的操作步骤。

活动实施

(1)打开好用快递单打印软件,首先添加发件人(最好也添加收件人),如图 2.1.30 所示。

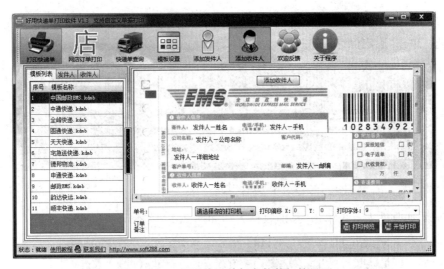

图 2.1.30 好用快递单打印软件初始界面

合格网店打单软件所具备的功能

① 网店打单软件的打单内容。店主打单,其实需要考虑两个方面,一方面是快递单;另一方面则是发货单。所以店主在挑选合格淘宝打单软件时,首先应该对软件的打单内容进行甄选,看看是否包含快递单和发货单的打印。

② 网店打单软件能否自动设置打印模板。不管是打印快递单还是打印发货单,店主和买家在沟通的时候,一些特殊要求会不可避免,尤其是一些对快递或者发货单方面有特殊备注的买家,在回复他们的时候,卖家也需要特别对待。这个时候,统一的打印效果自然不能满足卖家的要求,所以如果选择的淘宝打单软件能够拥有可以自定义的模板设置,店主就能省心不少。

③能否与其他功能管理流畅衔接。店铺打单处理的前提是对店铺订单已经做好标记发货,已经选好快递,所以如果店主想让整个打单过程更顺畅,在挑选合格店铺打单软件还可以考虑到该软件对订单的处理能力。

(2)添加发件人。先单击"添加发件人",如图2.1.31所示。

图2.1.31 添加发件人界面

打开发件人添加窗口,在下载的添加发件人窗口中,填写如图2.1.32所示的内容,填写完毕,单击"确定保存"按钮。

图2.1.32 添加发件人窗口

(3)添加收件人。先单击"添加收件人",如图2.1.33所示。

图2.1.33 添加收件人界面

打开收件人添加窗口,在下载的添加收件人窗口中,填写如图2.1.34所示的内容,填写完毕,单击"确定保存"按钮。

(4)填写快递单,返回主程序。选择左边的快递公司。如果没有想要的快递公司,登录快递公司官网,如图2.1.35所示。

(5)选中默认快递申通快递,双击鼠标,左边就会显示申通快递的快递单,如图2.1.36所示。

(6)接下来单击"发件人"按钮,如图2.1.37所示。

(7)单击"发件人"按钮后就会看到刚刚添加的发件人信息,如图2.1.38所示。

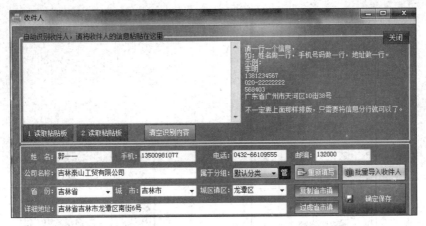

图 2.1.34　添加收件人窗口

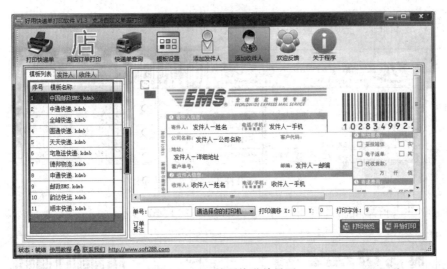

图 2.1.35　填写快递单界面

图 2.1.36　显示快递单界面

图 2.1.37 单击"发件人"按钮

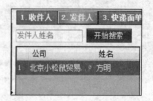

图 2.1.38 发件人信息界面

（8）双击发件人，左边会显示发件人信息，如图 2.1.39 所示。

图 2.1.39 发件人信息显示界面

（9）收件人信息填制过程与发件人一样，如图 2.1.40 所示。

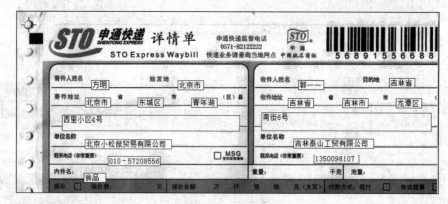

图 2.1.40 收件人信息显示界面

（10）打印快递单之前将单号自动填入，方便以后在"快递单查询"中查询到快递实时信息，如图 2.1.41 所示。

（11）设置好快递打印机，开始打印快递单，如图 2.1.42 所示。

看到陈晓玲如此认真和好学的工作作风，方主管利用工作的闲暇时间，又给她讲解了

项目二 我在电商物流部轮岗

图 2.1.41 快递单预打印界面

图 2.1.42 打印好的快递单界面

如何在不利用打单软件的时候进行 Word 软件的制单打单步骤。

（1）用尺子量出快递单的长度与宽度，对于带孔纸，连孔眼边缘一起算上。要求尽可能精确。

（2）选一张完好平整的快递单放入扫描仪中扫描成彩色图像（以圆通快递单为例），如图 2.1.43 所示。

（3）用 Word 新建一个空白文档，根据刚才量得的快递单的长度与宽度，设置页面大小。

① 选择"文件"|"页面设置"|"纸张"命令，在"宽度"中输入快递单的宽度（单位：厘米），在"长度"中输入快递单的长度（单位：厘米），如图 2.1.44 所示。

45

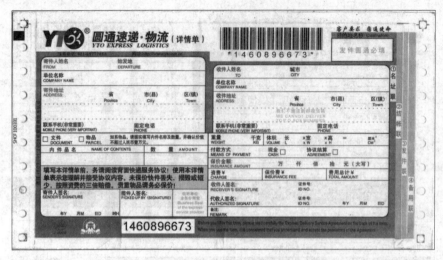

图 2.1.43 圆通速递物流快递详情单

② 设置页边距均为 0。在图 2.1.44 的基础上选择"页边距"命令,在"上""下""左""右"边距中均输入 0 后单击"确定"按钮,如图 2.1.45 所示。

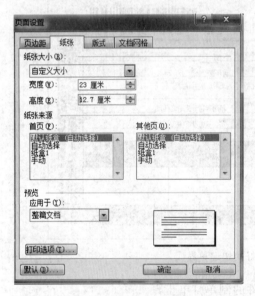 

图 2.1.44　页面设置(纸张设置)　　　　图 2.1.45　页面设置(页边距设置)

(4) 插入扫描的图片相关操作如下。

① 选择图片文件,单击"插入"按钮。

② 在图片上单击鼠标右键,选择"设置图片格式"命令,选择"版式"|"衬于文字下方"|"大小"命令,在选项卡中取消勾选"锁定纵横比",并在"高度"中输入开始量得的快递单的"高度",在"宽度"中输入开始量得的快递单的"宽度",填好后单击"确定"按钮。

(5) 插入"文本框",并适当地调整文本框的位置与大小。将其他需要插入文本框的地方都做好,对文本框及其中的文字做适当的调整,直到自己满意为止,如图 2.1.46 所示。

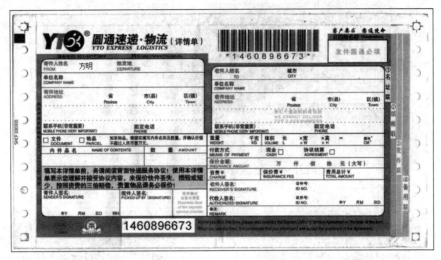

图 2.1.46　插入"文本框"

（6）用鼠标单击图片边缘部分，然后按 Delete 键，将图片删除。

（7）可以上机试打。可以找一些比较透明的纸张裁成跟快递单一样的大小用来试打。试打后可将透明的纸张蒙在快递单上观察对位是否准确。根据试打的结果对页面中的文本框的位置进行调整。如果调整合适，进行保存文件，下次打印其他地址时，只需要对这些文字进行修改即可。

尝试用 Word 软件进行快递单制作和打印。

常用的针式打印机

爱普生 LQ-690K 针式打印机。一般用于快递单的批量打印，具有打印速度快、日负荷大、不容易卡纸、有一键切纸功能、切快递单方便、噪音小、故障率低等特点，如图 2.1.47 所示。

惠普 LaserJet P2055d 激光打印机。一般用于普通纸发货单、配货单的批量打印。具有打印速度快（30PPM（letter/A4），折合 1 小时约出单 1 800 份），日负荷大等特点。售价在 2 600 元/台左右（建议日订单量过 1 000 单的用户选用），每张单据的打印成本为 0.1～0.2 元（A5 纸发货单，含纸张成本），如图 2.1.48 所示。

佳博 GP.80250 Ⅲ 热敏小票打印机。一般用于热敏纸快递面单的批量打印，具备打印速度快（250MM/s 出纸速度，折合 1 小时约出单 2 000 份），带自动切刀技术，不浪费、免裁剪的特点，售价在 1 000 元/台左右，每单的打印成本在 0.02 元左右，如图 2.1.49 所示。

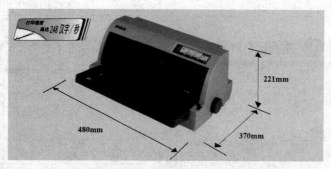

图 2.1.47　爱普生 LQ-690K 针式打印机

图 2.1.48　惠普 LaserJet P2055d 型激光打印机　　　图 2.1.49　佳博 GP.80250 Ⅲ 热敏打印机

 **知识窗**

快递电子面单,是指使用不干胶热敏纸按照物流公司的规定要求打印客户收派件信息的面单,在行业内也被称为热敏纸快递标签、经济型面单、二维码面单等,如图 2.1.50 所示。

图 2.1.50　快递电子面单

快递电子面单的优势如图 2.1.51 所示。

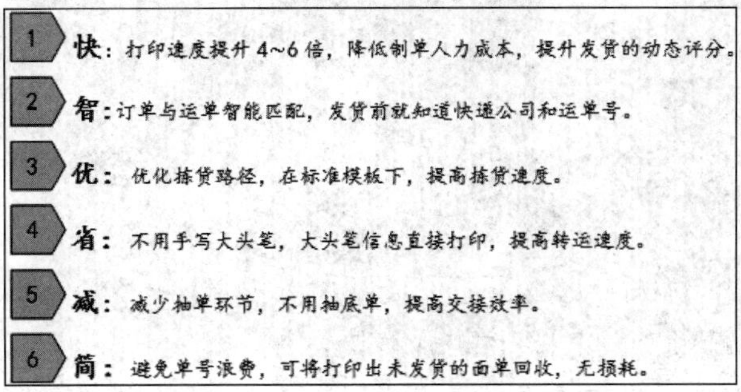

图 2.1.51　快递电子面单优势

行业速递（图2.1.52）

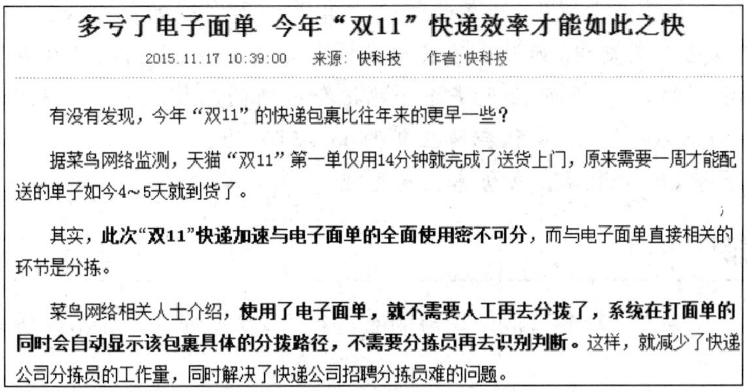

多亏了电子面单　今年“双11”快递效率才能如此之快

2015.11.17 10:39:00　来源：快科技　作者：快科技

有没有发现，今年“双11”的快递包裹比往年来的更早一些？

据菜鸟网络监测，天猫“双11”第一单仅用14分钟就完成了送货上门，原来需要一周才能配送的单子如今4~5天就到货了。

其实，**此次“双11”快递加速与电子面单的全面使用密不可分**，而与电子面单直接相关的环节是分拣。

菜鸟网络相关人士介绍，**使用了电子面单，就不需要人工再去分拨了，系统在打面单的同时会自动显示该包裹具体的分拨路径，不需要分拣员再去识别判断**。这样，就减少了快递公司分拣员的工作量，同时解决了快递公司招聘分拣员难的问题。

图 2.1.52　快递电子面单的使用评价

活动评价

我如期完成了任务，从新手到熟悉的全过程，这里面有泡面加班，也有深夜苦读。这样的工作实践，让自己学习了更多知识和技能，能逐步认识到理论必须与实际工作相结合的道理，也磨炼了自己对待工作要认真耐心的工作品性，为自己以后的发展铺路。

任务 2　我是电商物流部仓储作业员

情景再现

【人物】仓储部主管罗技、李辉

【地点】公司货品仓库，如图 2.2.1 所示

【对话】

李辉：罗主管，来到我们的仓库才发现平时在课本上看到的设施设备图片终于变成

图 2.2.1 货品仓库

了实物,这让我兴奋又让我迷茫,兴奋的是终于有了动手实践的机会,迷茫的是整个仓库作业我只有书本的理论知识,如果主管安排我什么工作任务,我怕我什么都不会做。

罗主管:没事的,来到仓库后我将逐一地把仓库内的工作流程一一教给你,我想凭着你扎实的理论知识和悟性,很快就会适应新的工作环境的。

李辉:罗主管,那就请带我在仓库里走走吧。

任务分解

李辉在货品仓库进行实习,他要学习的东西很多,罗主管也正在给李辉介绍仓库内的工作情况。

本次任务可分为 5 个活动:认识仓储设备、了解仓库布局、验收货物、分配储位和补货作业。

设备准备

货架、托盘、叉车、输送机、手推车。

活动 1　认识仓储设备

活动背景

仓库内仓储设备的有效使用是仓管员的一项重要的工作,现在罗主管就给李辉介绍仓库内仓储设备的用途及相关设备的使用规范。

活动实施

一、认识货品保管设备——货架

(1)本仓库当中最常用货架为层架,属于货架中的一种,层架由立柱、横梁和层板构成,适合于存储规格复杂多样的小件货物或较贵重、怕尘土、怕潮湿的小件物品。特别适用于人工存取作业。一般大部分休闲零食、果干坚果、饼干糕点都放在这类货架区,如图 2.2.2 所示。

(a) 层架全景

(b) 单元层架

图 2.2.2　层架

（2）较为常用的货架为托盘货架,又称为货位式货架,托盘货架以储存单元化托盘货物为主,它的优点是每一块托盘均能单独存入或移动,而不需要移动其他托盘,可适应各种类型的货物,可按货物尺寸要求调整横梁高度;配套设备简单,成本低,能快速安装及拆除;货物装卸迅速,主要适用于整托盘出入库的场合。冲调饮料类货品都放在这类货架上,如图 2.2.3 所示。

(a) 托盘式货架全景

(b) 单元托盘式货架

图 2.2.3　托盘式货架

想一想

仓库中托盘货架中托盘是多大的? 又是什么样的材质制成的呢?

（3）较少用到的这个货架为阁楼货架,楼式货架系统是在已有的工作场地或货架上建一个中间阁楼,以增加存储空间,可做二、三层阁楼,宜存取一些轻泡及中小件货物,适于多品种大批量或多品种小批量货物以及人工存取货物。货物通常由叉车、液压升降台或货梯送至二楼、三楼,再由轻型小车或液压托盘车送至某一位置。它的特点是:提高储存高度、增加空间利用率。该货架上层仅放轻量物品。主要在上层存放坚果类及零食类礼盒及散箱食品,下层作存放托盘之用,如图 2.2.4 所示。

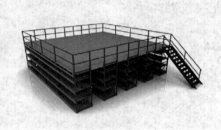

(a) 阁楼式货架实景图　　　　　　　(b) 阁楼式货架设计图

图 2.2.4　阁楼式货架

(4) 较先进而且投入最大的货架为自动货柜,自动货柜通过计算机、条形码识别器等智能工具进行管理,使用方便。只要按动按键,内存货物即进入平台,可自动统计、自动查找,主要适用于体积小、价值高的物品的储存与管理,也适用于多品种、小批量的物品的存储。这个区域内公司主要放置的货品有价值高的坚果类、肉干类、海鲜类制品,如图 2.2.5 所示。

图 2.2.5　自动货柜

想一想

小松鼠贸易公司仓库内的货架有几种?都是什么?

知识窗

现代仓库在选择和配置货架时,必须综合分析库存货物的性质、单元装载和库存量,以及库存结构、配套的装卸搬运设备等因素。

知识窗

仓储货架使用的注意事项

（1）防超载：货品存放的每层重量不得超过货架设计的最大承载。

（2）防超高超宽：货架层高、层宽已受限制，卡板及货物的尺寸应略小于净空间 100mm。

（3）防撞击：叉车在运行过程中，应尽量轻拿轻放。

（4）防头重脚轻：应做到高层放轻货，低层放重货的原则。

（5）防止用不标准的地台板（卡板）在货架上使用，川字底最适合。

（6）货架上方在摆放货物时，操作人员尽量不要直接进入货架底部。

二、认识仓库的装卸搬运设备

1. 本仓库中最常用的装卸堆垛设备是叉车

叉车是指对成件托盘货物进行装卸、堆垛和短距离运输作业的各种轮式搬运车辆。叉车是仓库装卸搬运机械中应用最广泛的一种，主要用于仓库内货物的装卸搬运，也可用于装卸搬运和堆垛，常见的主要有内燃机式叉车、电瓶式叉车、手动式叉车，如图 2.2.6～图 2.2.8 所示。我们仓库用得最多的是电瓶式叉车和手动式叉车。

图 2.2.6　内燃机式叉车

图 2.2.7　电瓶式叉车　　　图 2.2.8　手动式叉车

为什么食品仓库要用电瓶式叉车,而不用内燃机式叉车?

当托盘货物需要在库内进行水平转移时,常常用到手动叉车。手动式叉车货品装卸搬运流程(以装卸搬运托盘货物为例)如下。

(1) 将运载货物整齐码放在托盘上。

(2) 将车叉完全插入托盘下面,将按把向下按,让车叉上升,抬升高度至少离地面5~7厘米。

(3) 拉动货物时,双手拉住按把,重心放后,手脚同时出力,移动货物。

(4) 将货物拉至目的地后停止,单手按住按把,将托盘放下,开始卸货。

手动叉车的按把有3个档位,向上是将货叉下降,向下是将货叉上升,居中是空档,如图2.2.9所示。

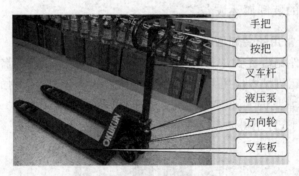

图 2.2.9 手动叉车结构图

使用叉车进行货物搬运时,有哪些操作注意事项呢?

 友情提示

货物装卸搬运对叉车作业的安全要求

运货时,货物应向机身或机柱倾斜,以保证紧急刹车时的安全;叉货物时,使叉车对正货物,放下货叉,车头微向前倾,慢慢把车子驶前。货叉伸进货物底部,以顺利无阻为准;调整货叉位置,使货物处于平衡状态。尽量使货叉接近货物的最外边,两个货叉处在货物中部,货物即可稳定;切勿勉强搬运过重的货物,当货叉升起而后轮离地时,切勿搬运该货物;卸货时,在指定位置把车停下,将货物平稳地放到地面,把货叉向前倾,叉车退后,当货叉卸下货物后,先将货叉稍微升高,再将叉车驶离;千万不可让人站在车尾,企图增加叉车的起重量,很多人曾因此而受伤。切勿擅自在车尾加上平衡质量,以增加叉车的起重量,应以稳固安全的方法将货物捆好。降落货物时不可突然停止,以免使叉车受震,影响货物堆放位置。

以小组为单位,尝试用手动叉车进行一次仓库货品的装卸搬运活动。

2. 本仓库中最常用的搬运传送设备是输送机及手推车

(1)输送机是按照规定路线连续地或间歇地运送散料物料和成件物品的搬运机械,是现代物料搬运系统的重要组成部分。输送机系统是由两个输送机及其附件组成一个比较复杂的工艺输送系统,用以完成物料的搬运、装卸、分拣等功能。我们仓库主要用的都是带式输送机。出入库的输送机械,如图2.2.10所示。

(a) 动力滚筒输送机　　　　(b) 辊道输送机　　　　(c) 模块网输送机

(d) 分拣输送机　　　　(e) 转弯滚筒输送机　　　　(f) 带式输送机

图 2.2.10　输送机械

带式输送机是以电动机作为动力,胶带作为输送带,利用摩擦力连续输送货物的机械。其工作过程主要是输送带环绕在前后滚筒之间,下面装有上、下支撑装置,以承受物料质量。电动机经减速后驱动滚筒,牵引输送带运动,物料由进料斗导入输送带,由输送带送到目的地后由卸料装置卸出,输送带由下托辊送回进料处。

(2)手推车是靠人力推、拉的搬运车辆,它是一切车辆的始祖。因造价低廉、维护简单、操作方便、自重轻,能在机动车辆不便使用的地方工作,在短距离搬运较轻的物品时十分方便,如图2.2.11所示。

(a) 平板式手推车

(b) 双轮式手推车

(c) 笼式手推车

(d) 多层手推车

图 2.2.11　手推车

想一想

在生活中,你经常能看到图 2.2.11 中哪个手推车?它们的用途有哪些?

3. 本仓库用得最多的成组搬运工具是托盘

托盘是用于集装、堆放、搬运和运输的放置作为单元负荷的货物和制品的水平平台装置。托盘一般用木材、金属、PP 塑料制作,便于装卸、搬运、存放单元物资和小数量的物资。常见的托盘有平托盘、箱式托盘、柱式托盘和轮式托盘,如图 2.2.12～图 2.2.15 所示。

图 2.2.12　平托盘

图 2.2.13　箱式托盘

图 2.2.14 柱式托盘

图 2.2.15 轮式托盘

想一想

在实际的物流业务中,能用托盘进行储存和运输的货物有哪些?

友情提示

适宜于托盘储存和运输的货物以包装件杂物为限,散装、超重、超长或冷藏货物均不能用托盘储存和运输。

知识窗

托盘货物的码放标准

(1) 货物码放时,必须遵循"大不压小、重不压轻、木不压纸"的原则。

(2) 货物码放时必须符合货物包装上储运图示标志的规定,按文字、箭头方向码放。严禁超高、超重、超限额和倒置、侧置存放。

(3) 货物码放时必须保证每一件货物都标签朝外。如果货物的尺寸较小,则必须码空心托,严禁码实心托或花心托。

(4) 货物码放时按照包装尺寸合理摆放,堆高要互相错缝压碴,保持整托货物的稳定性,保证在地牛和叉车转弯时货物不晃动、不散落。必要时应使用捆扎带。

(5) 除大件货外,堆码时要求货物不能超出托盘四边,且托盘边沿需留出1~2厘米。

(6) 托盘堆码高度一般不超过1.5米,堆码时必须注意货物包装的堆码限制,防止因摆放层数过多导致底层货物挤压损坏。

(7) 原则上同一托盘只放一票货物,不得混放。同一方向的小票货物可以拼板码放,但拼板时必须分开平铺码放,不可上下交叠,以免货物混淆。

(8) 一票多件货物需要码多个托盘时,应保证各个托盘按照统一规则码放,各托盘码放的货物数量相同。

三、认识仓库的计量设备——电子秤

计量设备是用于商品进出时的计量、点数,以及货存期间的盘点、检查的设备。目前本仓库中最常用的计量设备是电子秤。

电子秤是利用现代传感器技术、电子技术和计算机技术一体化的电子称量装置,它满足现实生产生活中的"快速、准确、连续、自动"称量要求,同时有效地消除人为误差。一般仓库主要的电子秤分为三类:一是桌面秤,可以称量在30kg以下的货品;二是台秤,可以称量在30~300kg以内的货品;三是地磅,可以称量在300kg以上的货品,如图2.2.16~图2.2.19所示。

图 2.2.16 桌面秤

图 2.2.17 台秤

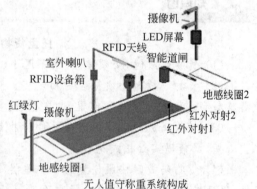

图 2.2.18 无人值守的自动地磅

图 2.2.19 电子地磅

想一想

台秤作为电子秤的一种,可以称量的货品重量是多少?

做一做

仓库现有 1 000kg 的货品需要发给 A、B、C 三个客户,A 客户需 700kg,B 客户需 280kg,C 客户需 20kg,尝试用不同种类的电子秤进行称重,来满足发货要求。

四、认识仓库养护检验设备

养护检验设备是指商品进入仓库验收和在库内保管测试、化验以及防止商品变质、失效的机具、仪器。如温度仪、测潮仪、吸潮器、烘干箱、空气调节器、商品质量化验仪器等。仓库主要存放食品类货品,经常用到的养护检验设备有温度仪、测潮仪、吸潮器和烘干箱,如图 2.2.20~图 2.2.23 所示。

图 2.2.20 温度仪

图 2.2.21 测潮仪

图 2.2.22 吸潮器

图 2.2.23 烘干箱

想一想

在实际的仓储业务中,发现仓库的货品潮湿应用什么设备恢复原有品质?

尝试使用测潮仪测试仓库各个区域的湿度。

五、认识仓库消防安全设备

消防安全设备是仓库必不可少的设备。它包括报警器、消防车、手动抽水器、水枪、消防水源、砂土箱、消防云梯、灭火器等。我们仓库常用的消防设备有灭火器和报警器,如图 2.2.24 和图 2.2.25 所示。

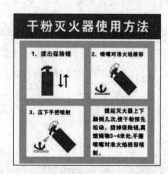

图 2.2.24 灭火器及使用说明

图 2.2.25 报警器

活动评价

通过罗主管的悉心介绍和指导,我了解了仓库设备的用途和操作规范,为以后在工作中如何正确使用仓库设备并培养好的职业素养奠定了坚实的基础。

活动 2 了解仓库布局

活动背景

小松鼠贸易公司所经营的食品品类繁多,合理、有效的摆放和布局可以提高仓库平面和空间的利用率及物品的保管质量,方便出入库作业,从而降低货品的仓储作业成本。以下将介绍仓库的布局情况。

活动实施

一、了解本仓库布局的模式

我们公司的本部设立在北京,我们将仓库也设立在北京,面向全国用户发货。所以我们仓库定位于辐射型仓库,它是指仓库位于许多用户的一个居中位置,产品由此中心向各个方向用户运送,形如辐射状,如图2.2.26所示。

常用的仓库模式还有以下几种。

(1)吸收型仓库是指仓库位于许多货主的某一居中位置,货物从各个产地向此中心运送。这种仓库大多属于集货中心,如图2.2.27所示。

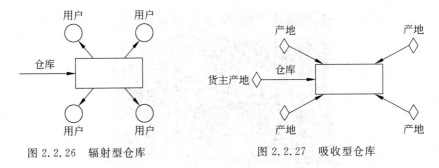

图2.2.26 辐射型仓库　　　　图2.2.27 吸收型仓库

(2)聚集型仓库是一个生产企业聚集的经济区域,四周分散的是仓库,而不是货主和用户,如图2.2.28所示。

(3)扇形仓库是产品从仓库向一个方向运送,形成一个辐射形状。辐射方向与干线上的运输运动方向一致,如图2.2.29所示。

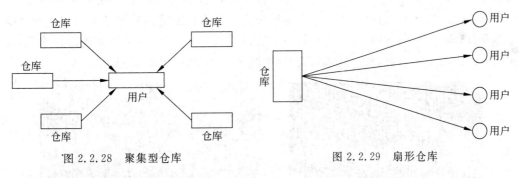

图2.2.28 聚集型仓库　　　　图2.2.29 扇形仓库

想一想

在实际的仓库布局中,在货品产地的居中位置需要设置什么样的仓库?

知识窗

聚集型仓库布局适用于经济区域中生产企业比较密集,不可能设置若干仓库的情况。

扇形仓库布局适用于在运输主干线上仓库距离较近,下一个仓库的上方向区域,恰好是上一仓库合理运送区域的情况。

二、了解仓库内部布局设计

1. 了解仓库的结构

(1) 在建筑形式上,从出入库作业的合理化方面考虑,我们公司仓库属于平房建筑,这样储存产品就不必上下移动,从而提高库存作业效率。从储存成本的角度来看,平库储存成本相对多层库储存成本低,如图 2.2.30 所示。

图 2.2.30　平房仓库

(2) 在设计本仓库出入口的位置和数量过程中,需要考虑的因素有很多,比如库存的建筑长度、进深长度、库内货物堆码形式、建筑物主体结构、出入库作业次数、出入库作业流程以及仓库职能。出入库口尺寸的大小是由卡车是否出入库内,所用叉车的种类、尺寸、台数、出入库次数、保管货物尺寸大小所决定的。库内的通道是保证库内作业顺畅的基本条件,所以设计通道时应延伸至每一个货位,使每一个货位都可以直接进行作业,通道需要路面平整和平直,减少转弯和交叉,如图 2.2.31 和图 2.2.32 所示。

图 2.2.31　仓库出入口示意图

图 2.2.32　仓库通道示意图

(3)天花板的高度。随着仓库进出货量的提升,仓库投入了大量的机械化、自动化设施及设备,这对仓库天花板的高度提出很高的要求。一方面从装卸搬运的设备叉车来讲,标准的提升高度为3米,如果仓库特殊需要高门架起重设备,设备工作要求高度最低达到6米。另一方面从托盘装载货物的属性来讲,密度大且不稳定的货物,通常以1.2米为标准;密度小而稳定的货物,通常以1.6米为标准。以其层数来看,1.2米/层×4层=4.8米,1.6米/层×3层=4.8米,因此,仓库的天花板高度最低应该是5~6米,如图2.2.33所示。

图2.2.33 天花板示意图

(4)仓库地面。设计仓库地面需要考虑地面的耐压强度。地面的承载力必须根据承载货物的种类或堆码高度进行。一般平房普通仓库1平方米地面承载力为2.5~3吨,多层仓库层数加高,地面承受负荷能力减少,一层是2.5~3吨,二层是2~2.5吨,三层是2~2.5吨,四层是1.5~2吨,五层是1~1.5吨甚至更小。地面的负荷能力是由保管货物的重量、所使用的装卸机械的总重量、楼板骨架的跨度等所决定的,如图2.2.34所示。

图2.2.34 仓库地面示意图

在设计仓库地面耐压强度时,一般平房仓库1平方米地面的承载力是多少?

2. 了解仓库货区平面布置

公司的货区布置分为初始建设期布置和发展期布置。初始期由于公司业务量少,货品流通量小,当时的货区布置形式是垂直式布局,这种布局形式是货垛或货架的排列与仓库的侧墙互相垂直或平行,具体包括横列式布局、纵列式布局、纵横式布局和倾斜式布局四种类型。

(1) 横列式布局

横列式布局,如图2.2.35所示。横列式布局的优点:主通道长且宽,副通道短,整齐美观,便于存取盘点,还有利于通风和采光。

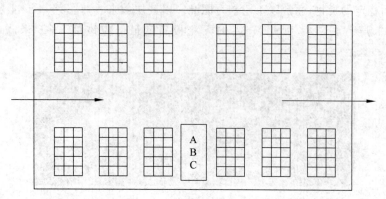

图2.2.35　仓库横列式布局图

(2) 纵列式布局

纵列式布局,如图2.2.36所示。仓库纵列式布局的优点:可以根据在库商品的库存时间长短不同和进出频次快慢安排货位,在库时间短、进出频次快的商品放置在主通道两侧;在库时间长,进出频次慢的商品放置在里面。

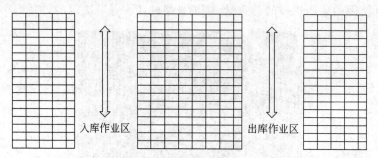

图2.2.36　仓库纵列式布局图

(3) 纵横式布局

纵横式布局,如图2.2.37所示。仓库纵横式布局的优点集合了横列式与纵列式布局的优点。

(4) 倾斜式布局

现今发展期布置形式为倾斜式布局,如图2.2.38所示。倾斜式布局指货垛或货架与仓库侧墙或主通道成60°、45°或30°夹角,具体包括货垛倾斜式布局和通道倾斜式布局两种类型。发展期货量相对来讲稳定并快速增长,货品流通量大,这种布局便于叉车作业,缩小叉车的回转角度,提高作业效率。

项目二　我在电商物流部轮岗

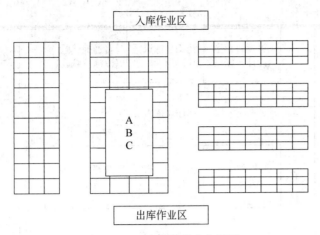

图 2.2.37　仓库纵横式布局图

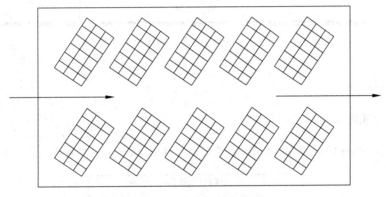

图 2.2.38　货垛倾斜式布局图

小松鼠贸易有限公司的仓库平面,如图 2.2.39 所示。其采取了哪种布局方式?有什么好处?

活动评价

通过罗主管的介绍,我了解了整个仓库储存空间的构成和仓库货区布局方法,并使自己以后在工作中对仓库货区进行正确合理布局。

活动 3　验收货物

活动背景

仓库刚刚接到前几天采购一批新疆大枣的到货通知,罗主管和我来到仓库门口,并教我验收货物的工作流程。

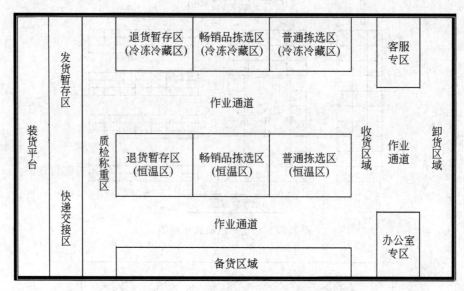

图 2.2.39 小松鼠公司 A1 仓库平面布局图

活动实施

一、验货准备工作

收到采购部发来的预到货通知单,如图 2.2.40 所示,进行验收货物前的各项准备工作。

图 2.2.40 预到货通知单

> **知识窗**
>
> 货物入库验收是指仓库在物品正式入库前,按照一定的程序和手续,对到库物品进行数量和外观质量的检查,以验证它是否符合订货合同规定的一项工作。
>
> 货物入库验收前准备工作如下。
>
> ① 人员准备。安排好负责质量验收的质检员,以及配合数量验收的装卸与搬运人员。
>
> ② 资料准备。收集并熟悉待验物品的有关文件。

③ 器具准备。准备好验收用的检验工具。

④ 货位准备。针对到库物品的性质、特点和数量，确定物品的存放地点和保管方法，其中要为可能出现的不合格物品预留存放地点。

⑤ 设备准备。大批量物品的数量验收，必须有装卸与搬运机械的配合，应做好设备的申请调用。

(1) 根据预到货通知单上的数据，罗主管通知仓管员小吴，质检员老方，叉车司机老王，装卸工老李和小徐在仓库门口等候，将此次货物的情况告知大家。

(2) 仓管员小吴和叉车司机老王分头开始自己的准备工作，仓管员小吴调用仓管软件，查看库内货位情况，根据其得到的商品数量和性质安排货位，将货位情况和此次订货合同的副本递交给罗主管，叉车司机老王已经将叉车开至仓库门口等待装卸。

二、核对凭证

(1) 核对这批货物是否有到货通知单和采购合同副本，如图 2.2.41 所示。

采购合同(副本)

签订地点：北京
签订时间：2016 年 6 月 20 日
合同编号：A01B50

购货单位（以下简称甲方）：北京小松鼠贸易有限公司

供货单位（以下简称乙方）：新疆阿克苏果品贸易有限公司

经甲乙双方充分协商，在平等自愿的基础之上，特订立本合同，以便双方共同遵守。

第一条　产品的名称和质量

1．产品的名称：　　和田大枣和巴旦木　　。

2．产品的技术标准（包括质量要求），按下列第（ 1 ）项执行：

（1）按国家标准执行；

（2）按部颁标准执行；

（3）由甲乙双方商定技术要求执行。

图 2.2.41　采购合同部分内容

(2) 核对供应商新疆阿克苏果品贸易公司提供的装箱单(见图 2.2.42)和发货清单(见图 2.2.43)。

装箱单

产品名称	数量（袋）	重量（KG）	总重量（KG）	装箱数量
和田大枣	40	20	2 000	100
巴旦木	50	15	1 800	120

图 2.2.42　装箱单

(3) 核对承运单位提供的运输单据，如图 2.2.44 所示。

发货清单

客户名称	北京小松鼠贸易有限公司		
合同号	A01B50		
货品箱号	NO.1—NO.220		
发货日期	2016年6月26日		
序号	货品名称	单位	实发数量
1	和田大枣	箱	100
2	巴旦木	箱	120

新疆阿克苏果品贸易有限公司

图 2.2.43　发货清单

货　运　单

2016-6-26

发货单位		收货单位		运输单位	
单位名称	新疆阿克苏果品贸易公司	收货单位	北京小松鼠贸易有限公司	单位名称	北京大河物流有限公司
联系电话	0991-7758888	收货人	罗技	司机	张天
货物名称	和田大枣和巴旦木	电话	010-52890166	车号	京N86388
数量	220箱	地址	北京市朝阳区青年路35号	随车手机	13901208888
运费		卖家已付			
备注		收货签章		运货签章	

图 2.2.44　货运单

　知识窗

货物入库验收必须具备下列凭证。

(1) 入库通知单和订货合同副本，这是仓库接受商品的凭证。

(2) 供货单位提供的材质证明书、装箱单、磅码单、发货明细表等。

(3) 商品承运单位提供的运单，若商品在入库前发现残损情况，还要有承运部门提供的货运记录或普通记录，作为向责任方交涉的依据。

核对凭证是将上述凭证加以整理全面核对。入库通知单、订货合同要与供货单位提供的所有凭证逐一核对，相符后才可进行下一步的实物检验。

　想一想

核对各种凭证对货品验收的重要性？

三、实物检验

(1) 叉车司机老王和装卸工老李、小徐将所有货物卸到收货区之后，罗主管和仓管员小吴开始对货品进行包装检验和数量检验，如图 2.2.45 所示。

图 2.2.45 数量检验工作图

 知识窗

包装检验。对包装检验时,首先是检验产品的外部包装是否受损来判断货物是否受损。其次是看包装是否符合有关标准,主要是看包装使用的材料、规格、制作工艺、标志、打包方式等。当需要对货物拆包检验时,一般应有两人以上在场同时操作,以明确责任。

数量检验是入库作业中最重要的内容之一,入库数量准确与否直接关系到仓库库存数量控制和流动资产管理。进行检验时依据货运单和有关订货资料,逐一对商品的品名、等级、产地、数量进行核对,以保证入库货物准确无误。常用的数量检验的方法有计件和计重两种方法。对于计件商品,一般依据科学的验收比率抽样调查的方式进行检验。计重商品一般采取过磅的方式进行检验。

(2) 进行数量检验之后,此批货物货品数量准确无误,罗主管叫来老方进行质量检验。

① 看:看商品保质期是否过期;打开商品包装,看商品是否完好,如图 2.2.46 所示。

② 嗅:随机挑选一袋商品闻一下商品是否是自然本味,有无变味的现象,如图 2.2.47 所示。

图 2.2.46 商品图　　　　　图 2.2.47 嗅商品图示

③ 尝：随机挑选一袋商品，打开包装尝一下是否有变质现象。

经过老方的质量抽验，这批货无质量问题，可以入库。

 **友情提示**

当需要对货物拆包检验时，一般应有两人以上在场同时操作，以明确责任。

 **知识窗**

质量检验主要是对入库货物检验其质量指标是否符合规定，以便及时发现问题，分清责任，确保到库货物的质量。质量检验有感官检验法和仪器检验法两种。感官检验法主要是借助于验收人员丰富的商品知识和实践经验，通过视、听、味、触、嗅觉来判断商品的质量。仪器检验法则是利用各种仪器设备，对商品的规格、成分、技术要求标准进行物理、化学、生物的分析和测定。

 **做一做**

尝试以货品检验员的身份对食品类的商品进行质量检验。

四、填制商品验收入库单

填制商品验收入库单，如图 2.2.48 所示，安排相关人员进行商品入库上架作业。

北京小松鼠贸易有限公司

验收入库单

供货单位 新疆阿克苏果品贸易公司　　　采购日期 2016年6月26日
发票号 05464620　　　　　　　　　　合同编号 A01B50

货物名称	单位	采购数量	实收数量	单价	金额
和田大枣	箱	100	100	400	40 000
巴旦木	箱	120	120	750	90 000
验收记录：经数量检验和质量检验符合合同规定标准					
主管：　罗技　　　　检验：　方晓　　　　保管：　吴大伟					

图 2.2.48　验收入库单

活动评价

通过罗主管的亲自讲解、操作，让我对整个入库货品的检验流程有了一个更新的认识，感受到罗主管在工作过程中认真、严谨、负责的工作态度，也感受到了仓库里的每一项工作都需要大家积极配合，才能完成得更出色。

活动4 分配储位

活动背景

已经验收完的100箱和田大枣和120箱巴旦木需要进行商品上架操作,罗主管顺便教我分配储位的工作过程。

活动实施

(1) 根据入库单(见图2.2.49)提供的数据为储位分配单的制作做准备。

入 库 单

NO.A010005
2016年7月1日

供应商: 新疆阿克苏果品贸易公司　对应合同号: A01B50　批号: F010000

交货单位	北京小松鼠贸易有限公司		发票号码	05464620	验收仓库	A01	入库日期	20160701
物品类别	物品名称	单位	数量		单价	金额	备 注	
			应收	实收				
食品	和田大枣	箱	100	100	400	40 000		
食品	巴旦木	箱	120	120	750	90 000		
	合计		220	220	1150	130 000		

财务审核　王劲　记账　夏天　仓库主管　罗技　验收　方晓　单位部门主管　李东　制单　吴大伟

图2.2.49　入库单

(2) 仓库管理员吴大伟调出A01仓库货物存放位置安排表,如图2.2.50所示。当前,干果货区闲置的货位为A01020、A01021、A01110、A01113、A01115、A01121、A01125。本仓库储位安排的原则严格遵循货物存放位置安排表,以同一货品放置集中原则从小到大排列,货位不够时以相邻空闲货位为储位安排第一选择,每个储位存放的货物不得超过堆码极限。

货物存放位置安排表

货物编号	货品名称	规格	库区	储位	堆码极限(箱/货位)
SPGH0001	腰果	50袋/箱	干果区	A01000—A01005	50
SPGH0002	开心果	40袋/箱	干果区	A01010—A01015	50
SPGH0003	和田大枣	50袋/箱	干果区	A01020—A01025	50
SPGH0004	巴旦木	40袋/箱	干果区	A01110—A01115	50
SPGH0005	碧根果	50袋/箱	干果区	A01120—A01125	50

图2.2.50　A01仓库干果区货物存放位置安排表

(3) 根据货位存放位置安排表所提供的空闲货位情况及本仓库货位安排原则,制作储位分配单,如图2.2.51所示。

(4) 将储位分配单分发给叉车司机老王和装卸工,进行货物上架操作,如图2.2.52所示。

储位分配单

操作编号：A01CW001

作业单号	SPGH001	库房	A01
制单人	吴大伟	日期	20160701

货品明细

序号	存放位置	货品名称	单位	应放数量	实放数量
1	A01020	和田大枣	箱	50	50
2	A01021	和田大枣	箱	50	50
3	A01110	巴旦木	箱	50	50
4	A01113	巴旦木	箱	50	50
5	A01115	巴旦木	箱	50	20

图 2.2.51　储位分配单

图 2.2.52　货物叉车上架图

知识窗

商品储存策略主要是确定储位的指派原则。良好的储存策略可以减少出入库移动的距离，缩短作业时间，甚至能够充分利用储存空间。常见的储存策略有以下几种。

1. 定位储放

每一种储存商品都有固定的储位，商品不能互用储位，因此必须规划每一项商品的储位容量不得小于其可能的最大在库量。它的优势是每项货品都有固定储放位置，拣货人员容易熟悉货品储位，货品的储位可按周转率大小（畅销程度）安排，以缩短出入库搬运距离，可针对各种货品的特性做储位的安排调整，将不同货品特性间的相互影响减至最小；不足之处是储位必须按各项货品之最大在库量设计，因此储区空间平时的使用效率较低。所以定位储放容易管理，所花费的总搬运时间较少，但储区空间平时的使用效率较低，浪费较大。此策略较适用于以下两种情况：厂房空间大；多品种少批量商品的储放。

2. 随机储放

每一种商品被指派储存的位置都是经由随机的过程所产生的，而且可经常改变。也就是说，任何商品可以被存放在任何可利用的位置。此随机原则一般是由储存人员按习惯来储放，且通常按商品入库的时间顺序储放在靠近出入口的储位。它的优势是由于储位可共用，因此只按所有库存货品最大在库量设计即可，储区空间的使用效率较高。不足之处是进行货品的出入库管理及盘点工作困难度较高，周转率高的货品可能被储放在离出入口较远的位置，增加了出入库的搬运距离，具有相互影响特性的货品相邻储放，可能造成货品的伤害或发生危险。此策略适用于以下两种情况：厂房空间有限，要求尽量利用储存空间；种类少或体积较大的商品储存。

3. 分类储放

所有的储存商品按照一定特性加以分类，每一类商品都有固定存放的位置，而同属一类的不同商品又按一定的法则来指派储位。分类储放通常按产品的相关性、产品的流动性、产品的尺寸、产品的重量、产品的特性等来分类。它的优势是便于畅销品的存取，同时各分类的储存区域可根据货品特性再做设计,有助于货品的储存管理。不足之处是储位必须按各项货品最大在库量设计,因此储区空间平均的使用效率低。此策略适用于以下三种情况:产品相关性大者,经常被同时订购;周转率差别大者;产品尺寸相差大者。

想一想

北京小松鼠公司在进行和田大枣和巴旦木的储放时应用的储存策略是什么?

做一做

由教师给定资料,分组进行储位分配单的缮制。

活动评价

我通过和罗主管参与一系列关于货物储位管理实践,经历了学习—实践—再学习—再实践的过程,对以后工作中有关储位规划和储位管理的相关知识有了一个更深刻的认识。

活动5 补货作业

活动背景

补货作业对于公司来讲是一种常见而重要的物流作业形式,由于我们经营食品类的商品,受保存条件和保质期的限制,在备货上一般都是小SKU(库存量单位),一旦我们公司在订货量激增而存货量不足时,补货作业效率高低往往影响客户服务水平。一般我们公司补货的情况分两种,一种是仓库内补货;另一种是商品供应商补货,这里主要讲仓库内补货流程。

活动实施

补货作业是将货物从仓库保管区域搬运到拣货区的工作。补货作业的目的是向拣货区补充适当的商品,以保证拣货作业的需求。以下是补货作业的实施步骤。

(1) 收到跟单业务部当天发来的订单汇总单,如图2.2.53所示。

订单汇总单

货物编号	品名	单位	数量	货位
SPGH0001	腰果	箱	40	A01003
SPGH0002	开心果	箱	35	A01014
SPGH0005	巴旦木	箱	45	A01114

打印时间:2016-07-22　　　　　打印人:陈晓玲

图2.2.53 订单汇总单

(2) 将订单汇总单通过内部系统转化成内部作业拣货单,如图2.2.54所示。

拣货单

拣货单编号：A01JH001　　　订单编号：JY1606220135　　　出货日期：20160722

用户名称	鑫鑫果品批发部	地址	上海虹口区昆明路4号	电话	13502166666
拣货日期		20160721		拣货人	李辉

| 序号 | 储位编码 | 商品名称 | 商品编码 | 包装单位 | | | 数量 | 备注 |
				箱	整托盘	单件		
1	A01003	腰果	SPGH0001	√			20	
2	A01114	巴旦木	SPGH0005	√			25	

拣货单

拣货单编号：A01JH004　　　订单编号：JY1606220137　　　出货日期：20160722

用户名称	晧天干果批发中心	地址	台州路桥镇剧院路7号	电话	13867636168
拣货日期		20160721		拣货人	李辉

| 序号 | 储位编码 | 商品名称 | 商品编码 | 包装单位 | | | 数量 | 备注 |
				箱	整托盘	单件		
1	A01003	腰果	SPGH0001	√			20	
2	A01014	开心果	SPGH0002	√			28	
3	A01114	巴旦木	SPGH0005	√			10	

拣货单

拣货单编号：A01JH008　　　订单编号：JY1606220140　　　出货日期：20160722

用户名称	民生果品商店	地址	上海市华山路15号	电话	13702157777
拣货日期		20160721		拣货人	李辉

| 序号 | 储位编码 | 商品名称 | 商品编码 | 包装单位 | | | 数量 | 备注 |
				箱	整托盘	单件		
1	A01014	开心果	SPGH0002	√			7	
2	A01114	巴旦木	SPGH0005	√			10	

图 2.2.54　拣货单

　　（3）检查拣货区域的存货情况，发现存货充足，进行拣货操作。如发现存货不足，开始进行补货操作，如图 2.2.55 所示。

拣货区域货品安排表

货物编号	货品名称	规格	库区	数量	储位
SPGH0001	腰果	50袋/箱	拣货区	30	A01205
SPGH0002	开心果	40袋/箱	拣货区	20	A01210
SPGH0005	巴旦木	40袋/箱	拣货区	30	A01225

图 2.2.55　拣货区域货品安排表

补货时机

① 批次补货。每天或每一批次拣取前,经由计算机计算所需物品的总拣取量,再相对查看动管拣货区的物品量,于拣取前一特定时点补足物品。此为"一次补足"的补货原则,较适合一日内作业量变化不大,紧急插单不多,或是每批次拣取量大需事先掌握的情况。

② 定时补货。将每天划分为数个时点,补货人员于时段内检查动管拣货区货架上物品存量,若不足即马上将货架补满。此为"定时补足"的补货原则,较适合分批拣货时间固定,且处理紧急时间也固定的公司。

③ 随机补货。指定专门的补货人员,随时巡视动管拣货区的物品存量,有不足随时补货的方式。此为"不定时补足"的补货原则,较适合每批次拣取量不大,紧急插单多以至于一日内作业量不易事前掌握的情况。

小松鼠贸易有限公司目前采取哪种补货时机?

(4) 确定补货的货品数量,结合商品在库存量(见图 2.2.56)生成补货单并打印(见图 2.2.57)。

库存明细表

序号	货物编码	品名	计量单位	账存数	实存数	可用结存数
1	SPGH0001	腰果	箱	50	50	50
2	SPGH0002	开心果	箱	60	60	60
3	SPGH0005	巴旦木	箱	66	66	66

图 2.2.56　部分商品库存明细表

补货单

类别	商品名称	单位	补货数量
干果类	腰果	箱	10
干果类	开心果	箱	15
干果类	巴旦木	箱	15
合计			40

图 2.2.57　仓库内补货单

补货作业中,补货数量的数据来源有哪些?

补货作业中,补货数量的数据来源:一是订单处理部门在一天的工作完成后,为保证第二天拣货工作的顺利进行,计算机软件系统自动生成"拣货位最大容量"的补货单;二是工作日中,系统按照店铺订单和送货分组分批产生补货单。当每个单品拣货位存货量达到最低时,补货单将要求补货到拣货位的最大容量。

(5)运用整箱补货的方式将需要补货的商品从仓库保管区运至拣货区,商品上架并进行分拣,如图2.2.58所示。

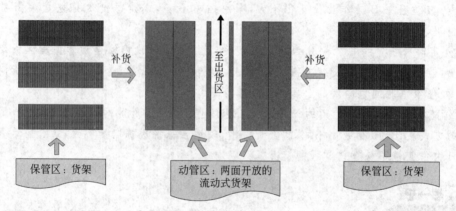

图2.2.58 整箱补货流程图

补货方式

① 整箱补货,由货架保管区补货到流动货架的拣货区。这种补货方式的保管区为料架储放区,动管拣货区为两面开放式的流动棚拣货区。拣货员拣货之后把货物放入输送机并运到发货区,当动管区的存货低于设定标准时,则进行补货作业。这种补货方式由作业员到货架保管区取货箱,用手推车载货箱至拣货区。较适合于体积小且少量多样出货的货品。

② 托盘补货,这种补货方式是以托盘为单位进行补货。托盘由地板堆放保管区运到地板堆放动管区,拣货时把托盘上的货箱置于中央输送机送到发货区。当存货量低于设定标准时,立即补货,使用堆垛机把托盘由保管区运到拣货动管区,也可把托盘运到货架动管区进行补货。这种补货方式适合于体积大或出货量多的货品。

③ 货架上层—货架下层的补货方式。此种补货方式保管区与动管区属于同一货架,也就是将同一货架上的中下层作为动管区,上层作为保管区,而进货时则将动管区放不下

的多余货箱放到上层保管区。当动管区的存货低于设定标准时,利用堆垛机将上层保管区的货物搬至下层动管区。这种补货方式适合于体积不大,存货量不高,且多为中小量出货的货物。

一般仓库商品补货流程,如图2.2.59所示。

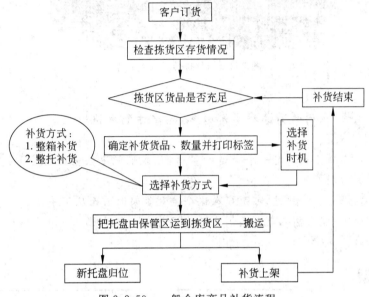

图2.2.59　一般仓库商品补货流程

教师提供相关资料,以小组的形式来进行仓库商品补货作业。

活动评价

通过对补货作业理论和实践的重拾再现,对补货作业中关键性的工作步骤和部门之间协调性重要性的认识加强,要想做好仓储工作,必须具有吃苦耐劳、合作的精神。

任务3　我是电商物流部分拣员

情景再现

【人物】分拣主管蔡明、李辉

【地点】分拣系统流利式货架前,如图2.3.1所示。

图 2.3.1 分拣传送带及货架

【对话】

李辉：蔡主管，我们的商品种类那么多，怎么才能更快地把一个订单的货物分拣出来？

蔡主管：我们确实要制定一个合适的策略，让我们能更快地分拣商品。你知道摘果式分拣和播种式分拣吗？

李辉：我在课堂上学到过，可是我在这个流利货架面前无从下手。

蔡主管：确实，理论要配合上实训才行。跟着我好好学吧。

李辉：好的。

任务分解

李辉当上了分拣员，他要学习的东西很多，比如公司根据公司产品特点制定的独特的分拣方式，比如分拣的作业流程等。

本次任务可分为3个活动：选择合适的分拣策略、根据相关单证备货和扫描验货。

设备准备

流利货架、滚筒式传送带、周转箱、信息化移动手持终端。

活动1 选择合适的分拣策略

活动背景

常用的分拣方式有两种，分别是摘果式分拣和播种式分拣。小松鼠贸易有限公司的商品种类丰富，每种商品甚至还分好几种口味。为了既提高分拣效率，又能更好地满足客户订购的个性化需求，我们需要选择合适的分拣策略。为了让李辉明白两种分拣方法的利弊，蔡主管决定让李辉分别尝试两种方式分拣，并写一份总结。

活动实施

蔡主管挑出三张订单给李辉，让他分别用摘果式和播种式两种方法进行分拣比较。

订单如图 2.3.2～图 2.3.4 所示。

图 2.3.2　A 公司订单　　　　图 2.3.3　B 公司订单　　　　图 2.3.4　C 公司订单

知识窗

1. 摘果式分拣

摘果式分拣是分拣人员或分拣工具巡回于各个储存点并将分店所需货物取出，完成配货任务，货位相对固定，而分拣人员和分拣工具相对运动。

2. 播种式分拣

播种式分拣是分货人员或工具从储存点集中取出各个分店共同需要的货物，然后巡回于各分店的货位之间，将货物按分店需求量放在各分店的货位上，再取出下一种共同需求商品。

3. 摘果法和播种法优劣

摘果法和播种法各有优劣，需要根据实际情况实际运用，如图 2.3.5 所示。

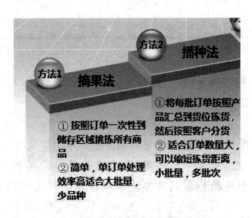

图 2.3.5　摘果式分拣与播种式分拣区别

（1）使用摘果式分拣方法分拣货物。李辉拿着 A 公司的订单，前往货架拿货，并放到一个箱子里面，并标注是 A 公司的订单。拿完 A 公司订单上的货物后，接着拿着 B 公司的订单前往货架拿货,并放到一个箱子里,并标注是 B 公司的订单,以此类推,继续拿 C 公司的订单,去货架拿货,并标注是 C 公司的订单,完成分拣初步工作。

(2) 使用播种式分拣方法分拣货物。李辉拿到三张订单,把相同的货物和数量整理出来,然后统一到货架拿货,并把这些货物放到同一个大箱子里,拿完三张订单上所有的货物之后,再根据 A、B、C 三家公司的订单货物和数量分成三个箱子,分别标注 A 公司、B 公司、C 公司,完成分拣初步工作。

(3) 总结分析,最终选择播种式分拣策略。

李辉为什么选择播种式分拣方法分拣货物?

活动评价

李辉如期完成任务,但是体会很多,发现了摘果式分拣方法总是重复同样的工作,而播种式分拣方法可以缩短时间,提高效率,适合分拣品类较多,小批量,多批次的货物,李辉能正确分析和总结两种不同的分拣方法,并选出合适的分拣方法,得到主管的赞赏,李辉对工作充满信心。

活动 2　根据相关单证备货

活动背景

备货必须把货物从仓库中拣选出来,再进行商品组配、分装等操作,为扫描验货做准备。李辉开始根据单证完成备货工作。

1. 单证

单证是指在国际结算中应用的单据、文件、证书,凭借这种文件来处理国际货物的支付、运输、保险、商检、结汇等。

2. 备货

备货是进出口公司根据合同和信用证规定,向生产加工及仓储部门下达联系单(有些公司称其为加工通知单或信用证分析单等)要求有关部门按联系单的要求,对应交的货物进行清点、加工整理、刷制运输标志以及办理申报检验和领证等项工作。

3. 分装商品

分装商品是指作为一个运输单位而包装的一定量物资,有时商品需按照特殊规格或安排进行分装。

4. 验货在电商中的重要性

验货是电子商务的必需环节,如果不验货可能出现错误,并导致很多问题,比如影响客户对商家的印象,给快递人员和相关人员带来很多麻烦和损失。

活动实施

(1) 李辉根据跟单员所制作的汇总单进行货物拣选,如表2.3.1所示。

表2.3.1 A、B、C三家公司订单汇总表

货物名称	单位	数量	单价/元
美味坚果	包	60	25
亲亲海苔	包	142	18
百味草莓干	包	24	15
脆脆综合蔬菜零食	袋	15	20
糯米锅巴	包	20	6
盐焗鸡爪	包	210	7.5
咔咔薯片	袋	130	10
香辣猪肉干	包	91	16
香辣牛肉干	包	110	23
脆脆盐焗腰果零食	包	70	10
榴莲饼酥	包	40	12
酥脆奶皮酥甜品	箱	10	50
绿豆糕点心	箱	5	35

(2) 李辉在拣货的过程中,发现坚果和草莓干包装好的数量不够,于是找来同事一起帮忙,按照每一袋的重量,继续分装了坚果和草莓干。

(3) 在挑拣脆脆综合蔬菜零食时发现综合蔬菜的包装也不够数量,仓库里暂时没有货了,但是有脆脆牌单一蔬菜零食包装,于是李辉想到把这些单一的蔬菜零食拆开,然后每一种蔬菜挑一种出来组成一包综合蔬菜零食,完成组配工作。

(4) 李辉把3个客户所需要的货物都挑选出来后,根据客户的购买合同,按照时间先后顺序,对先发货的客户订单进行商品组配和分装。

(5) 客户A的订货单要求的出货日期是最快的,李辉优先对客户A的订单进行处理,完成A客户的订单备货作业。

活动评价

李辉在完成备货作业的过程中,明确了解了工作流程,完成了拣货、组配和分装操作。在工作过程中,李辉心思细腻、反应快速、解决问题能力强、明确先后顺序、井井有条地完成了备货任务,得到蔡主管的认可。

 **知识窗**

买卖合同样板如下。

买 卖 合 同

买方：_____（简称甲方）

卖方：_____（简称乙方）

甲乙双方在平等自愿、协商一致的基础上，依法就甲乙双方买卖合作相关事宜达成本合同条款，供双方遵守。

第一条　产品名称、产地、品牌、规格、颜色、材质、数量、单价。

序号	商品名称	产地	品牌	规格型号	颜色	材质	批次	数量	单价（含税）	总价
1										
2										
3										
合计人民币（大写）：										
备注：运费合计：										

第二条　产品质量标准及保修。（具体内容根据不同情况编写）

第三条　计量方法。（具体内容根据不同情况编写）

第四条　产品的包装标准。（具体内容根据不同情况编写）

第五条　交货地点、方法及期限。（具体内容根据不同情况编写）

第六条　产品的价格与货款的结算。（具体内容根据不同情况编写）

第七条　验收和封样约定。（具体内容根据不同情况编写）

第八条　对产品提出异议的时间和办法。（具体内容根据不同情况编写）

第九条　甲乙双方违约责任。（具体内容根据不同情况编写）

第十条　不可抗因素。（具体内容根据不同情况编写）

第十一条　其他约定条款。（具体内容根据不同情况编写）

第十二条　本合同所有条款内容甲乙双方均完全理解并知道其真实意思。本合同自甲乙双方盖章时生效，合同执行期内，甲乙双方均不得随意变更或解除合同。合同如有未尽事宜，须经双方共同协商，做出补充规定，补充规定与合同具有同等法律效力。双方约定按附件中所列的结算单据办理结算，附件作为本合同的组成部分，与本合同具有同等法律效力。

第十三条　本合同正式一式二份，甲方执一份，乙方执一份，具有同等法律效力。

甲方：（盖章）　　　　　　　　　　乙方：（盖章）

地　　址：　　　　　　　　　　　　地　　址：

法定代表人：　　　　　　　　　法定代表人：
委托代理人：　　　　　　　　　委托代理人：
联系电话：　　　　　　　　　　联系电话：

合同签订日期：＿＿＿年＿月＿日
合同签订地点：＿＿＿＿＿＿

活动3　扫描验货

活动背景

备货完成后,要进行登记和记录,通过扫描商品的二维码达到一个记录和验证的作用。成品出货前验货有利于了解整批货物的基本质量水平,防止某些明显质量问题或低级质量问题的发生,大大降低出货后客户投诉的风险。

活动实施

(1) 李辉按照准备好的货物,一件件通过条码扫描仪,如图2.3.6所示。

图2.3.6　条码扫描仪

(2) 李辉根据订购合同和包装要求,检查货物。
(3) 填写成品出货检验报告单,样板如图2.3.7所示。

活动评价

李辉认真负责,仔细扫描验货,没有出现纰漏,顺利完成任务,越来越得心应手,也得到了蔡主管的表扬。

成品出货检验报告						
生产批号		客户单号		产品名称		
合同批号		产品型号		产品数量		
检验方法：		□ 全检		□ 抽检		
入库数量		抽检数量		不良数		合格率
AQL值		致命缺陷		重缺陷		轻微缺陷
检验项目	检验标准		检验结果			责任归属
纸条麦头	客户提供资料					
包装方案	可作简单测试					
产品说明书	按说明书步骤组装					
外观尺寸	确认的样品					
产品颜色	确认的色板					
产品表面情况	确认的样品					
验货情况综述：						
判定记录：□合格 □不合格		处理方式：□出货 □返工 □让步特采				
公司 QC：		日期：		工厂 QC：		日期：

图 2.3.7 成品出货检验报告单

任务4 我是电商物流部打包员

情景再现

【人物】分拣主管何碧、李辉

【地点】仓库打包架前，如图 2.4.1 所示

图 2.4.1 打包员打包各类商品

【对话】

李辉：何主管，我们的商品种类那么多，打包的时候肯定很麻烦，比如有些易碎、有些怕湿、有些怕压、有些小件、有些大件等。

何主管：是啊，所以你要知道为什么要包装，都有哪些包装材料和工具，才能更好更快地完成打包工作。

李辉：我知道包装的作用，也知道包装常用的材料和工具的使用，可是我没有操作过，可能打包起来效率很低，没办法很快匹配哪种商品需要哪种包装材料等。

何主管：不要紧，我们一步一步来学。

……

任务分解

李辉当上了打包员，他要学习的东西很多，比如理解为什么要对商品进行包装，哪种商品采用哪种包装工具和材料，打包的流程和注意事项等。

本次任务可分为4个活动：明确打包功能，选择包装材料，使用包装工具，联系物流、发货。

设备准备

周转箱、信息化移动手持终端、多种规格纸箱、内包装材料（气囊、气泡膜）、透明胶带、透明胶带封箱器。

活动1　明确打包功能

活动背景

商品包装分为内包装、外包装，一般准备出售的商品已经具有一定的包装，在发货前还需要进行最后一次包装。我们在这里必须明确这最后一次包装的功能。只有明确功能，才能把这最后的包装做好。

活动实施

何主管为了让李辉更好地明确发货前最后一次包装的功能，特地让李辉先了解商品包装的功能都有哪些。

知识窗

1. 包装

包装是为在流通过程中保护产品，方便储运，促进销售，按一定的技术方法所用的容器、材料和辅助物等的总体名称。

2. 包装功能

包装功能是指包装所起到的作用。

一、商品包装功能

包装的功能主要有两方面：一是自然功能，即对商品起保护作用；二是社会功能，即对商品起媒介作用，也就是把商品介绍给消费者，把消费者吸引过来，从而达到扩大销售、占领市场的目的。具体来说，不同的包装可以起到以下五种功能：保护与盛载功能、储运与促销功能、美化商品和传达信息功能、环保与卫生功能、循环与再生利用功能。

（1）保护与盛载功能：包装使商品与外界分离，并且根据不同商品选择不同材质的包装材料，起到一个保护的作用。同时包装的过程中就是把商品很好的盛放起来，作为一个盛放的载体。

（2）储运与促销功能：商品储放在包装容器中运输流通，在包装外面适当书写一些广告语或广告图起到一个储运和促销的作用。

（3）美化商品和传达信息功能：包装可以让商品外观更美观，在包装容器外面的一切信息都达到传递传达的作用。

（4）环保与卫生功能：有些商品不能见光或接触空气，必须采用密封的方式或真空的方式包装，对环境污染以及卫生等问题起到保护作用。

（5）循环与再生利用功能：包装器材很多都是可以重新利用，比如纸皮箱、包装盒等都可再生利用。

包装的哪项功能在这最后一次包装上最为重要呢？

二、明确发货前的打包工作要凸显保护功能

商品在打包好后就要进入运输流通阶段，通过各种交通工具，最终转交到顾客手里。电子商务公司常常委托快递公司进行货物寄送，但是快递公司的服务质量良莠不齐。很多快递公司存在暴力分拣的问题，如果货物没有很好的保护措施，那么商品到达顾客手中时，很可能已经破损、脏污。此时，顾客的购物体验将大打折扣。因此，电子商务公司发货前应该为商品进行以保护商品为首要目的的打包工作。包装的保护功能具体体现在以下几个方面。

（1）防止商品破损。例如为防止快递乱扔乱压造成商品破损，可以使用较硬的瓦楞纸箱进行外包装。有些商品只用纸箱也不能避免破损，这就需要用到一些内包装辅料，如气囊、珍珠棉、报纸等。如在重压下容易爆罐的奶粉常常要使用气囊包裹，如图2.4.2所示。

（2）防止商品脏污。快件在运输过程中可能会受到其他商品的污染，特别是一些纺织品更容易受到油或水的污染。因此，纺织品可以使用防水的塑料包装袋包装，这比使用

纸箱更好,如图 2.4.3 所示。

图 2.4.2　气囊包装的奶粉

图 2.4.3　使用塑料复合袋包装的手套

（3）防止商品变质。在寄送生鲜食品时,常常要使用一些保温性能较好的材料进行外包装,有时还要放入冰袋作为内包装辅材,帮助维持低温,防止生鲜食品在运输过程中腐烂,如图 2.4.4 所示。

图 2.4.4　泡沫箱和冰袋

活动评价

李辉明确了打包要凸显包装的保护功能,要防止商品破损、污损以及变质。因此,采取什么样的包装材料,如何包装都是围绕保护商品的目的进行的。

活动 2　选择包装材料

活动背景

李辉明白了打包员的工作就是要对商品在运输到顾客手中前进行最后一次包装,目的是防止商品在运输期间破损、污损或者变质。那么为了达到这一目的,不同性质的商品需要使用不同包装材料。何主管为了让李辉掌握如何根据商品性质选择包装材料,让他先熟悉仓库里的包装材料及其性能,然后再尝试为公司不同性质的商品选择材料。

活动实施

一、熟悉包装材料及性能

1. 外包装材料

常用的外包装材料有瓦楞纸箱、木箱、快递塑料袋等。其中,瓦楞纸箱在电商货物流通中使用频率最高。使用纸箱包装比较抗压,使用量大的情况下还能定制有公司Logo的纸箱,既方便又能体现店铺形象和服务质量,如图2.4.5所示。

图2.4.5 瓦楞纸箱

在保证纸箱质量的前提下,节约纸箱加工材料能降低总体包装费用。据测算,容积相同的纸箱,采用长:宽:高为2:1:2时最省料,比例为1:1:1时最费料。因此,应尽量避免使用立方体的纸箱。

木箱则是用木材、竹材或木质混合材料制成的包装容器。木箱具有制作简单、强度高、能承受冲击和振动等特点,适用于重物、大件商品的包装,如图2.4.6所示。

快递塑料袋是用聚乙烯材料做成的可自封袋,具有成本低、使用方便、防水性能好的特点。因此,适用于需要防水的商品包装,如服装、文件、纺织品等。但是,一般快递袋容量有限,如图2.4.7所示。

2. 填充材料

外包装与内容物之间往往存在空隙,如果空隙较大,外包装对内容物的保护作用将大大降低。处理这种情况,我们可以使用填充物进行适当填充,确保内容物在外包装内稳定。但是如果填充物较重,则无端增加运输成本。因此应选择一些轻抛、易得、便宜的物料

图2.4.6 木箱包装箱

作为填充物。常用的填充材料有报纸、珍珠棉(见图2.4.8)、气泡膜(见图2.4.9)、气囊(见图2.4.10)、报纸等。其中,报纸是最易得,也最便宜的,但容易显得凌乱,从而降低商品的档次,所以要谨慎选用。而珍珠棉比较厚,形状比较固定,因此常常需要定制使用。

气泡膜和气囊都拥有使用灵活、美观防撞的特点。

图 2.4.7 快递塑料袋

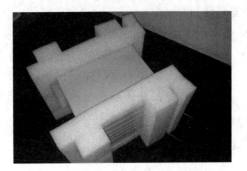

图 2.4.8 珍珠棉

图 2.4.9 气泡膜

图 2.4.10 气囊

3. 封箱材料

最常使用的封箱材料就是封箱胶带,如图 2.4.11 所示。有多种型号和多种颜色选择。一般选用透明胶带。有条件的商家可以定制带公司名称的胶带,附加广告功能。另外,有时会在外包装使用缠绕膜,起到捆扎、防漏、防水等作用,如图 2.4.12 所示。

图 2.4.11 封箱胶带

图 2.4.12 缠绕膜

二、根据商品性质灵活选择包装材料

包装材料选择应该注意如下事项。

(1)选择包装材料的原则是:最大限度保护商品、适当节省包装材料。

(2)每个订单的商品数量及体积都不尽相同,在包装前需要谨慎考虑箱子的大小,以节省包装材料。

(3)遇到液体商品,需要选用缠绕膜(保鲜膜)。

(4)遇到易碎商品,需要选用气囊或者气泡膜,以便为商品减震。

(5)如客户购买的商品体积较小,也可以考虑使用快递袋进行包装。

(6)生鲜商品还需要选用冰袋、泡沫箱等保温包装。

某客户在"小松鼠"购买了三瓶罐装咖啡、两包桶装薯片,请为这个订单选用包装材料;某客户购买了两包紫菜,请为这个订单选择包装材料。

过度包装(Over Package)是指包装的耗材过多、分量过重、体积过大、成本过高、装饰过于华丽等。目前,对商品进行过度包装的现象日趋严重,不少包装已经背离了其应有的功能,图2.4.13形象地批评了这一现象。

图2.4.13 过度包装的危害

活动评价

李辉尝试为几个订单选择包装材料,何主管对他的选择进行了点评。总之,就是要把握选择包装材料的原则:最大限度地保护商品,尽可能节省材料。

活动3 使用包装工具

活动背景

何主管告诉李辉,公司对每个发出的包裹有明确的规定:包裹内必须含有货品、发货单、售后卡,可能还含有发票、好评红包券、试吃样品等,必须四角边封箱,在箱子上表面贴快递单。李辉根据当天的要求,用周转箱收集齐了发货的材料,准备做封装工作。他拿到了一个工具,却用得毛手毛脚。何主管说:"虽然现在觉得用工具反而不方便,但是等你熟练以后,你会离不开它。"

活动实施

一、认识手动封箱器

手动封箱器也叫胶带切割器,顾名思义是主要用于产品包装和纸箱封口时的切割胶带,或用来切割封箱胶带的。封箱器采用三点三角结构设计原理,有个安装胶带的轴,胶带可以自由旋转,并有一个暗藏的刀刃,在需要时方便地切断胶带。其结构平衡合理,并有效减少摩擦力,从而在使用时大大提升工作效率。常用的封箱器有简易型封箱器(见图2.4.14)和手柄式封箱器(见图2.4.15)两种。

图2.4.14 简易型封箱器

图2.4.15 手柄式封箱器

二、使用手动封箱器

1. 使用简易封箱器

首先,胶带胶面朝上由黑色滚轮与金属支架中穿出;其次,滚轮压紧胶带,胶带与滚轮保持平衡,注意齿口向上翘勿伤胶带;最后,使用时,握紧切割器及内胶带向下切断,如图2.4.16所示。

2. 使用手柄封箱器

手柄封箱器由手柄、器体、压辊构成。手柄与器体相连接,器体上垂直固定有胶带辊轴,胶带辊轴上安装有自由滚动的胶带辊。使用时,透明胶带卷套在胶带辊的外侧,透明胶带的一端从压辊中穿出,使透明胶带的背面被透明胶带封箱器上的压辊压实、贴紧,透明胶带的另一面便会与纸箱或者工件黏合牢固。这样,可以使整个纸箱封口或者其他用

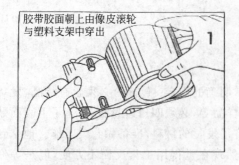
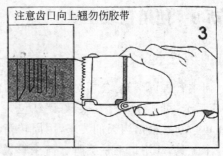
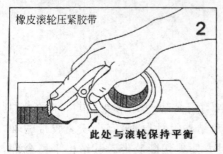
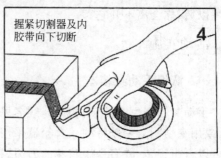

图 2.4.16 简易封箱器使用方法

途的粘贴过程一次性完成,如图 2.4.17 所示。

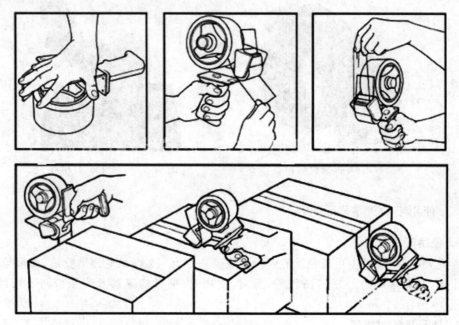

图 2.4.17 手柄封箱器的使用方法

三、实施四角边封箱

四角边封箱法是国际上认可的纸箱胶带封箱法之一。其特点是纸箱所有缝隙皆用胶带封闭,上下面皆形成 H 形封口。使纸箱起到更好的保护作用,同时也一定程度提高纸箱的稳固程度,如图 2.4.18 所示。

四、认识自动封箱机

目前自动封箱机的使用越来越普遍,在封箱作业量较多的企业中,使用自动封箱机可以起到封箱美观、快速、节省人力、效率高的作用,如图 2.4.19 所示。

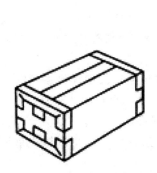

图 2.4.18　四角边封箱法

图 2.4.19　自动封箱机

活动评价

李辉刚开始使用封箱器的时候笨手笨脚的,封箱的时候胶带也经常不平整。他利用空余的时间,反复练习封箱,在练习了十多次之后,单手就可以完成封箱了。再练习十多次之后,胶带基本不会粘在一起了。

活动 4　联系物流、发货

活动背景

货物打包好了之后最后一个步骤就是联系物流、发货,在发货的时候要跟快递员协调,确定货物重量、快递费用、结算方式等。货物交付给快递员后使货物进入流通阶段,这时还有哪些需要注意的地方呢?

活动实施

一、联系物流

打包封装后,把订单对应的快递单贴在箱子上。打包员应根据快递单显示的不同快递公司分类摆放,然后再通过公司常用快递公司联系方式联系快递。

快递的联系方式如下。

(1) 网站在线下单;

(2) 客服热线下单;

(3) 直接联系快递员上门取件。

联系物流的注意事项如下。

(1) 虽然直接联系快递员上门取件是最方便的方法,但是要提防快递员骗货,最好还是联系快递站点主管分派快递员上门取件。

(2) 如果是淘宝C店,通过淘宝后台在线联系物流,能受到一定的保护。

(3) 发货量较稳定时,与快递公司协商每天定时收件,能免去每天联系的麻烦。

二、发货

此处指国内发货,如发货到其他参考本书项目三任务5的相关内容。

(1) 确定货物计费重量。发货区域可以准备一个电子秤,方便称量货物重量,称重后可以协助快递员把包裹重量记录在对应的快递单中。

计费重量可能是实际重量,也可能是体积重量。货物运输过程中计收运费的重量是按整批货物的实际重量和体积重量两者之中较高的计算。体积重量的计算公式如下。

$$体积重量(kg) = 最长(cm) \times 最宽(cm) \times 最高(cm) \div 6\,000$$

从体积重量的计算可以看到,如果1kg的货物体积超过6 000cm^{3}则以体积重量为计费重量。

(2) 确定快递费用。国内快递货品一般以第一个1kg为首重(或起重),货品每增加一个0.5kg皆为一个续重。通常首重的运费相对续重运费较高。根据运输距离的不同,运费单价也不同。快递费用计费公式如下。

$$运费 = 首重运费 + [计费重量(kg) \times 2 - 2] \times 续重运费$$

每个快递公司都有一份运费价格表,根据收货地址查询运费价格表,获得首重运费、续重运费,代入运费公式得出快递费用。把快递费用记录在该包裹的快递单中。

例:3kg货品按首重10元、续重3元计算,则运费总额为:$10 + (3 \times 2 - 2) \times 3 = 22$(元)。

(3) 费用结算。方式包括寄件人付、收件人付、月结、现金、刷卡等。按照公司与快递公司协商好的方式进行结算。寄件量较大的公司可以选择采用月结的方式,提高发货速度。

(4) 保存快递单。一般快递单都是一式四联,第一联投递局存、第二联收寄局存、第三联寄件人存、第四联收件人存。网店客服人员填写好快递单后,贴在快件上。快递员填写好相应栏目后,应取出第三联给寄件人收存。打包员应按照规定整理并保存好快递单,以便后续查件。

活动评价

李辉做了几次最后的联系物流、发货任务后,他发现这一环节看似简单,但其实最需要细心。因此,他为自己准备了一个本子,在快递员称重、计费的时候,他井井有条地记在自己的本子上,这样就不容易混乱,也提高了发货效率。我们应该在工作中自己总结工作技巧,提高我们的工作效率。

项目二　我在电商物流部轮岗

任务5　我是电商物流部售后员

情景再现

【人物】售后物流主管程辉、小陈

【地点】电商物流售后部

【对话】

陈晓玲：程主管，我们企业合作的网购平台有那么多，每个平台所使用的物流配送模式都有所不同，我们该如何进行电商物流的售后管理呢？需要处理的信息内容那么多，我感觉自己无从入手。

程主管：不要紧，我们一步一步来学。

……

任务分解

陈晓玲轮值当上了物流部售后员，她在岗位上开始学习的东西很多，比如根据公司产品、客户的订单情况制定的售后物流信息跟踪、售后客服，以及依据可能出现的售后情况制定相关的退换货流程及相关文本模板等。

本次任务可分为5个活动：跟踪物流、做好售后物流客户服务、熟悉退换货流程、撰写退换货说明模板和处理退换货出现的问题。

设备准备

能链接因特网及相应库存系统配备的部门计算机、电话、信息化移动智能手持终端等。

活动1　跟踪物流

活动背景

在网店的实际运营过程中，商品从商检入库开始，经历了包括入库、仓储、分拣、打包和发货运输等多个不同的阶段，为了方便管理，网店工作人员都会对商品物流的每一个阶段所产生的信息进行详尽的记录和跟踪。小松鼠贸易有限公司又是一家主营各类休闲零食等特殊商品的纯互联网食品贸易企业，在淘宝、天猫、京东、当当网等电商平台中皆开设了店铺，依据主营商品的特性及在各个网络销售平台上所参与合作的物流模式不同，我们需要利用多种不同的物流信息的跟踪方法。

活动实施

一、电商网店网购平台合作物流模式筛选

小松鼠贸易有限公司在淘宝、天猫、京东、当当网等电商平台中皆开设了店铺，依据不同网购平台的合作物流模式不同,公司商品在接单后会选择不同的物流配送机构进行合作配送,不同的配送方式还需要用不同的售后物流信息查询方式进行物流信息跟踪,如表 2.5.1 所示。

表 2.5.1　不同网购平台销售模式下的物流配送方式选择

网购平台	销售模式及在库、出库情况		运输及派单模式	配送信息查询方式
淘宝	第三方商家	企业内部库存系统	第三方物流	电话/网络查单
天猫	第三方商家	企业内部库存系统	第三方物流	电话/网络查单
			菜鸟物流(菜鸟驿站等)	电话/网络查单
京东	自营模式	京东内部库存系统	京邦达配送(自提、货到付款、配送上门)	网络查单
	第三方商家	企业内部库存系统	京邦达配送(自提、货到付款、配送上门)	网络查单
			第三方物流	电话/网络查单
当当	自营模式	当当内部库存系统	第三方物流	电话/网络查单
	第三方商家	企业内部库存系统	第三方物流	

知识窗

物流信息(Logistics Information)是反映物流各种活动内容的知识、资料、图像、数据、文件的总称。

物流的分类有很多种,按信息产生和作用所涉及的不同功能领域分类,物流信息包括仓储信息、运输信息、加工信息、包装信息、装卸信息等。对于某个功能领域还可以进行进一步细化,例如,仓储信息分成入库信息、出库信息、库存信息、搬运信息等。

电商物流售后相关的信息则是从商品在库信息(包括分拣、建包等)开始,到商品出库、运输、派送等相关流程的物流信息。

二、售后商品在库情况跟踪

依据企业所使用的库存管理模式及销售的网购平台的不同,可以选择不同的进销存管理系统或者是网购平台商家界面的物流管理工具来进行商品从在库到接单建包及出库等相关信息的跟踪。

不同的网购平台,商家会依据自己网店及网购平台的实际情况,选择使用企业自己 ERP 系统里的进销存系统或者直接使用网购平台所提供的网店后台运营管理系统里的库存管理系统进行商品订单成立后的在库、出库、打包整理等相关流程的物流信息管理。以金蝶系统为例,可以在此系统里进行"销货出库""仓库调拨""报表"等信息的管理,如图 2.5.1 所示。

图 2.5.1　金蝶进销存软件界面

三、第三方物流配送情况跟踪

参与电商物流配送的第三方物流物流配送的物流机构一般有 EMS、快递公司、货运公司等，而这些第三方物流公司通常都能依据运单号提供电话及网络查单等模式的物流配送信息跟踪查询。

现有很多网购平台后台管理软件都与一些常用的第三方物流配送机构的后台管理系统进行相关模块的数据信息接口互联，在自身的网购平台后台管理软件的相关接口查询界面都可以直接进行相关物流配送信息的查询，如图 2.5.2 和图 2.5.3 所示。

图 2.5.2　淘宝商家物流工具第三方物流公司查询界面

图 2.5.3　淘宝商家物流工具第三方物流公司物流配送信息跟踪查询界面

除了在网购平台后台管理系统界面进行第三方物流配送信息的跟踪查询之外,商家及顾客均可依据第三方物流配送机构所提供的相关商品配送运单号,在该第三方物流配送机构自身的官网上进行物流配送信息跟踪查询,如图 2.5.4 所示。

图 2.5.4　第三方物流公司运单物流配送信息查询界面

第三方物流是指生产经营企业为集中精力搞好主业,把原来属于自己处理的物流活动,以合同方式委托给专业物流服务企业,同时通过信息系统与物流企业保持密切联系,以达到对物流全程管理控制的一种物流运作与管理方式。

活动评价

经过一段时期的实际上机运营实操后,陈晓玲同学了解了小松鼠贸易有限公司各平台网店的进销存软件及相关平台商家操作界面的物流管理工具的基本操作,能初步独立完成包括企业商品售后的建包出库到商品物流配送时的相关信息的跟踪与查询,能理清商品从企业入库开始到配送到顾客手中的整个物流配送流程。

活动2　做好售后物流客户服务

活动背景

网店客服是网店所提供的一种服务形式,通过网络,开网店,提供给客户解答和售后等相关问题的服务,称为网店客服。网店客服的分工已经达到相当细致的程度,有通过IM 聊天工具、电话,解答买家问题的客服;有专门的导购客服,帮助买家更好地挑选商品;有专门的投诉客服;还有专门帮店主打包的客服等。而售后物流客服则是电商网店运营中不可或缺的重要环节。

活动实施

一、售后订单商品及顾客信息确认

跟售前客服不同,售后物流客服更倾向于已经初步完成电商订单交易、商品正在进行物流配送或者已经送达的指定商品及相关顾客。需要对进行咨询的顾客及其订单内相关商品信息进行确认,才能依据指定的信息进行咨询作答。

二、售后商品物流常见问题及相关情况回复模式整理

为了配合物流售后客服较大的工作量,提高工作效率,需要将与网店售后物流相关的常见问题进行分类,尤其可以针对本企业网店商品相关的物流常见问题进行分类整理,设置好快捷回复方式等,便可更有针对性地解决售后物流问题。如表2.5.2所示为售后商品物流常见问题。

表 2.5.2 售后商品物流常见问题

常见问题	问题情况
物流信息跟踪问题	包括商品发货时间、物流配送企业、运单号、配送过程信息等相关信息的跟踪与了解
包裹损毁、丢失问题	包括买家当场验货查出的损毁、收货后验货查出的损毁、代收驿站或物流配送公司丢失包裹等方面的问题
无法联系问题	包括地址无法到达、买家电话无法联系等相关问题
地址错误问题	包括买家填错地址、商家填错地址或电子面单贴错包裹等相关问题
退、换货问题	包括买家下错单或自己原因退换货、商家发错货或商品质量问题等原因退换货的相关问题

三、售后商品物流信息跟踪等相关问题处理

企业网店运营的每个步骤都是环环相扣的,每一个操作都会产生相应的后果,包括企业的商誉、顾客的满意度及相应的费用等。所以要求售后商品物流客服必须严格依照企业处理相关问题的要求、态度委婉及严谨地回答顾客每一个问题,务求保证每个顾客都能得到满意的答复,达到企业、顾客、物流配送企业三赢的结果。表2.5.3所示为售后商品物流常见问题处理模式。

表 2.5.3 售后商品物流常见问题处理模式

常见问题	责任方及处理模式		
	卖 方	买 方	物流配送方
物流信息跟踪问题	及时利用系统查核商品在库(建包、分拣)、出库、配送信息	—	利用网络查单系统及时跟踪物流配送情况

续表

常见问题	责任方及处理模式		
	卖方	买方	物流配送方
包裹损毁、丢失问题	及时登记记录订单内相关商品的损毁情况（包括图片及文字描述，记录损毁商品及数量等），及时上报相关主管，为后期商品退换或重发做准备	与买家协商重发的商品及运费问题	及时与物流配送公司客服进行记录，协商赔偿等相关问题
无法联系问题	重新检查买家信息记录、售前客服记录、订单信息记录等相关信息，核查是否有缺漏情况	及时与买家联系，重新检查收货地址等信息	利用物流配送公司客服，联系相关收货地址的同区域配送中心，核查是否有重叠或缺漏情况
地址错误问题	重新检查买家信息记录、售前客服记录、订单信息记录等相关信息，核查是否有缺漏情况。及时检查是否有仓库贴错包裹电子面单贴纸的情况	及时与买家联系，重新检查收货地址等信息，或与之协商更换收货地址等	利用物流配送公司客服，及时让其依据更新后的地址重新派送
退、换货问题	若是商品损毁，需及时登记记录订单内相关商品的损毁情况（包括图片及文字描述，记录损毁商品及数量等），及时上报相关主管，依据企业网店退换货流程进行操作。若是发错商品，需及时通知仓库重新发货	需向买家明确阐明企业网店的退换货条件与流程，协商好物流配送公司上门取件时间及运费等相关事宜	及时通知物流配送公司客服，通知其到顾客处取件，并依据之前合作协议洽谈运费或赔偿的相关事宜

活动评价

经过多次的实际物流售后客服实操后，陈晓玲同学接触到了各种各样的物流售后问题，尝试了与顾客进行沟通的特殊文本模式、语气与技巧，在各个案例中学会了在处理电商售后物流问题时怎样与企业主管、顾客以及物流配送公司客服或派送员之间的联系与沟通。

活动3 熟悉退换货流程

活动背景

在日常的电商网店经营过程中，常常因为各种各样的原因（如顾客下错单、商家发错货以及商品在运输途中发生意外导致商品损毁等情况），需要进行已售商品的退换货操作。因出现的情况比较多，而且涉及买卖双方及物流配送机构等多方，所以需要对企业相关商品及特定情况的退换货流程进行明确的指引。

活动实施

一、明确订单顾客网购平台及其退换货规则

表 2.5.4 所示为网购平台及其退换货规则。

表 2.5.4 网购平台及其退换货规则

网购平台	网购平台退换货流程规则			
淘宝、天猫	订单显示"商家已发货"	买家收货后需退货	选择"我的淘宝"|"已买到的宝贝"|"退款/退货"命令(需要填清退货原因,退货说明。上传凭证就是指上传破损商品的照片等内容)	(1) 联系快递公司获取物流单,进行退货。在退款页面填写物流信息,并保留物流存单 (2) 在退货页面单击"预约快递上门取件"按钮操作。确认上门取件地址、选择物流公司后单击"提交预约"按钮。取件成功后,填写"物流公司"和"运单号码",最后单击"提交退货信息"按钮
淘宝、天猫	订单显示"交易成功"	买家收货后需退货	在交易确认收货后 0~15 天内,选择"我的淘宝"|"已买到的宝贝"|"申请售后"|"退款/退货"命令(需要填清退货原因,退货说明。上传凭证就是指上传破损商品的照片等内容)	
京东	选择"我的订单"|"常用设置"|"返修/退换货"命令,找到相关商品后单击"申请"按钮并填写退货原因等相关信息,最后单击"提交"按钮			审核通过后,工作人员上门取件。填写退货单据
当当	当当网未确认收货时,不能申请退换货。选择"我的订单"|"退货"命令后选择退货商品并填写原因、退货方式(快递上门退货:快递员将到所填写的地址取货;顾客寄回当当)			

二、明确各平台的退换货流程中所需登记的相关信息

每个网购平台所需的退换货相关信息都会有些许不同,但基本所需内容都是涉及相关订单的顾客信息、需退换货商品信息、照片信息等。例如,购买时网购平台顾客账户 ID、客户收货人姓名、客户联系人电话、客户收货地址。退换货商品货号、数量、型号、颜色等相关信息。

三、在退换货流程中产生的费用权责问题处理

以淘宝/天猫为例,如表 2.5.5 所示。

活动评价

电商售后物流工作除了直接与顾客进行沟通的客服之外,陈晓玲同学还利用各种途径了解和掌握了不同网购销售平台的退换货流程及规则。掌握这些平台的退换货流程规则,可以进一步为自己企业的特定产品制定专门的退换货企业规则。

表 2.5.5　退换货流程中产生的费用权责问题处理

商品/场景	买家	是否包邮	商家	淘宝/天猫处理原则
支持"七天退货"服务的商品	买家需要享受七天退货服务	包邮	—	发货运费需要商家承担，买家只需要承担退货运费
		非包邮		由买家承担来回运费
支持退货承诺的商品	买家可按商家退货承诺的天数，享受退货服务或拒收	包邮	—	发货运费需要商家承担，退货邮费的承担以退货承诺设置的为准
		非包邮		发货运费及退货运费的承担原则，以退货承诺设置的为准
非"七天退货"商品或非退货承诺的商品	买家拒收	仅产生单程运费	需要有效举证证实买家无理由拒收货物	举证无效，由买家承担单程运费
		产生双程运费		举证有效，由买家承担来回运费
	买家因为个人原因（如不喜欢或不合适）需要退货退款	包邮或非包邮	同意买家无理由退货的要求	由买家承担来回运费，但若买家对发货运费价格有异议，商家需要配合提供相关运费证明（如带有价格的发货底单等有效收费证明）

活动 4　撰写退换货说明模板

活动背景

在日常的电商网店经营过程中，需要跟顾客进行良性沟通，而售后退换货物流涉及的内容更是具有让买卖双方都感到尴尬和容易产生冲突的性质。所以在企业商家与顾客进行直接沟通之前，利用企业网店退换货说明模板文本与顾客进行沟通，可以有效地改善买卖双方的关系，而随着顾客数及销售量越来越多的情况下，退换货说明模板文本也可以有效地解决售后物流客服不足的情况。

活动实施

一、收集企业网店商品特性

收集企业网店商品特性，如表 2.5.6 所示。

表 2.5.6　企业网店商品特性

小松鼠贸易有限公司商品特性			
商品类别	物流配送要求	商品期限要求	其他特殊要求
坚果类	多重密封防漏气	普通期限	……
饼干类	多重密封防漏气、增加包裹填充物防压碎	……	……

续表

小松鼠贸易有限公司商品特性			
商品类别	物流配送要求	商品期限要求	其他特殊要求
冲调饮料	多重密封防割破泄漏	……	……
（其他）	……	……	……

二、依据网购平台规则及企业商品特性撰写退换货说明模板

退换货说明是网店交易出现退换货情况后，经过双方及购物平台的相互协商之后，具体执行商品退换货流程的文档资料，用于弥补网店与顾客执行退换货流程时电子凭证比较零散，较难将资料归档备查的情况。因涉及网店多个部门甚至包括第三方物流配送机构，所以需要将商品退换货实际情况进行详细的登记及归类整理。

退换货说明包含的内容元素如下。

（1）顾客的具体信息（顾客的网购账号信息、联系方式信息、收货人信息等）。

（2）商家的具体信息（若商家还涉及品牌网店下的分类网店的不同划分的，也需将商家信息进行记录）。

（3）商品退换货原因（为了方便网店对相关资料的后续查档，可以分项目提出常见的几种退换货原因，引导顾客选择）。

（4）需要退换货的商品信息（包括商品名称、型号、数量等）。

因为企业销售是基于网络平台进行的，可让退换货说明模板设计成多种形式，脱离单一生硬的文本模式，转换成各种生动的模式，而且可以添加各种亲切的语句、图形，甚至部分手写模式来增添买卖双方的情感，如图 2.5.5 和图 2.5.6 所示。

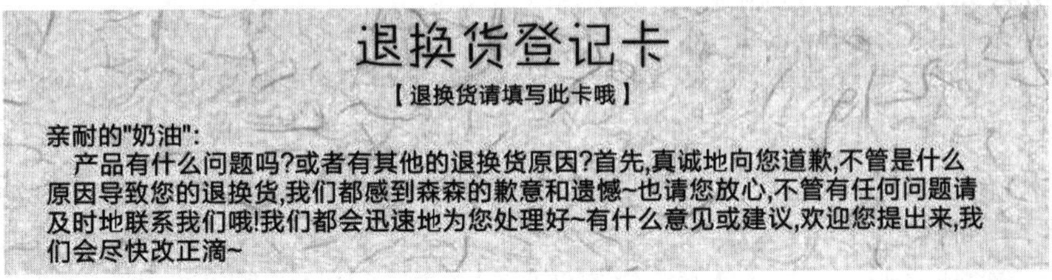

退换货登记卡
【退换货请填写此卡哦】

亲耐的"奶油"：
产品有什么问题吗？或者有其他的退换货原因？首先，真诚地向您道歉，不管是什么原因导致您的退换货，我们都感到森森的歉意和遗憾~也请您放心，不管有任何问题请及时地联系我们哦！我们都会迅速地为您处理好~有什么意见或建议，欢迎您提出来，我们会尽快改正滴~

图 2.5.5 退换货说明范例

活动评价

通过对企业商品的退换货模板的创作撰写和修改，陈晓玲同学明白到电商物流的工作并不一定全都是那么标准化、模式化的，在与顾客进行沟通的时候，可以使用多种多样生动活泼的方式进行。这也让陈晓玲和她的同学更有兴趣进入电商物流这个行业了。

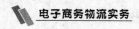

图 2.5.6 退换货说明模板

活动 5 处理退换货出现的问题

活动背景

在网店实际运营过程中,商家与顾客之间最难处理的情况就是商家在处理顾客退换货的情况。顾客的种类和个性多种多样,在遇到商品损毁或不合心意的时候,容易冲动和生气。如何妥善处理退换货出现的种种问题及情况,某种程度上决定了一家网店企业的企业形象与商誉。

活动实施

一、遇到退换货情况发生先安抚相关顾客情绪

在网店的实际运营过程中,存在着各种影响因素,包括网店自身执行和处理订单时出现的失误或者在第三方物流配送公司进行商品物流配送时出现的失误,这都会导致商品售后退换货情况的发生。为了保证订单的正常执行和维护网店的专业形象、保留客源,网店售后客服在遇到商品退换货情况发生时,首要的就是对订单实际情况进行了解和对顾客的情绪进行安抚,善用一些亲切的字眼、词语及表情图片来达到效果,如图 2.5.7 所示。

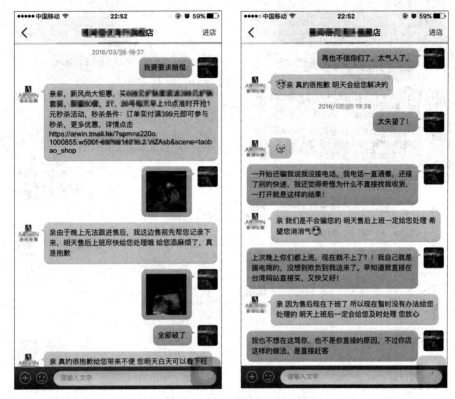

图 2.5.7 客服安抚顾客情绪

二、详细了解相关信息并指引顾客进行退换货流程操作

在顾客情绪得到安抚之后,要适当地引导顾客按照网店定义好的商品退换货流程来进行该订单商品的退换货流程操作。

(1)详细记录相关订单情况(包括订单号、商品损坏情况、商品丢失情况、商品出错情况)。

(2)详细记录辅助证据资料(包括视频记录、图片记录等)。

(3)及时知会顾客相关退换货流程的阶段情况。及时知会网店相关主管有关商品退换货的具体情况,方便相关主管对事件进行处理。

(4)在得到网店相关主管处理事件的指示之后,及时与顾客联系,进行商品退换货后续事项流程,如图 2.5.8 所示。

活动评价

经过在电商售后物流部门的多次磨炼敲打,陈晓玲同学已经能熟练应付与处理各种售后物流相关的包括与顾客沟通、售后物流信息及特殊情况处理等各项工作,为其今后的工作生涯积累了丰富的实践经验。

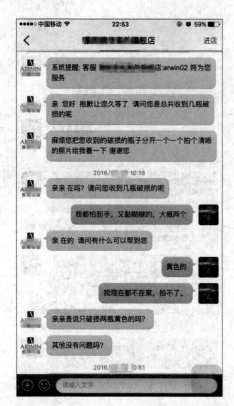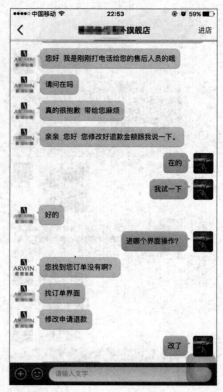

图 2.5.8　引导顾客进行退换货

项目总结

在电子商务越发发达的背景下,物流是电子商务最终实现商品流通的保障。一般来说,电商物流行业有以下岗位:跟单员、仓储作业员、分拣员、打包员、售后员。

跟单员需通过电子商务平台后台管理订单,审核电子商务原始订单,确保订单没有异常;然后制作汇总单及配货单,方便其他岗位工作人员进行发货作业;最后,根据订单信息打印快递单。

仓储作业员需掌握仓库所有设备的使用方法及规范,对库存商品进行常规管理,包括商品入库、出库、补货等。

分拣员需选择合适的分拣策略,根据跟单员提供的汇总单、配货单进行分拣备货。商品打包发快递前,还需要进行复核验货。

打包员需要根据每个客户订单商品的大小、性质等选择包装材料,使用包装工具完成打包。另外,打包员还要负责联系物流,与快递员一起称重发货。

售后员则负责跟踪物流,做好售后物流客户服务,处理退换货出现的问题。有时还要根据售后情况,撰写退换货说明。

本项目带领大家掌握了各个岗位的基本技能。

项目检测

一、单选题

1. （　　）是指电商以顾客价值为导向、以互联网为平台,为了赢得新顾客、保留老顾客,提高顾客满意度,采取的一系列建立和维持顾客关系的行为过程。
   A. 电子商服　　B. 电子商务　　C. 顾客服务　　D. 电商客服

2. 在关联性需求推荐的原则中要洞察客户喜好,按需推荐,宜精不宜多,一般以（　　）款的关联产品为宜。
   A. 3~4　　B. 5~6　　C. 1~2　　D. 7~8

3. （　　）是指在企业运作过程中,以客户订单为依据,跟踪产品或服务运作流向的专职人员,是企业内各部门之间及企业与客户之间相互联系的中心枢纽。
   A. 催单员　　B. 操作员　　C. 催款员　　D. 跟单员

4. 一般用于热敏纸快递面单的批量打印的打印机是（　　）。
   A. 爱普生 LQ-690K 针式打印机　　B. 惠普 LaserJet P2055d 激光打印机
   C. 佳博 GP.80250 Ⅲ 热敏小票打印机　　D. 联想 M7025 激光打印机

5. VIP客户中,下订单后催付的时间间隔为（　　）分钟。
   A. 30　　B. 40　　C. 50　　D. 70

6. 电子商务过程实际上是一个"下订单→（　　）→订单生产→订单发货→订单物流→订单结算"的过程。
   A. 订单生产　　B. 订单发货　　C. 订单结算　　D. 接订单

7. 电子商务订单中,跟单员可进行正常审核的订单颜色为（　　）。
   A. 红色　　B. 绿色　　C. 蓝色　　D. 紫色

8. 电子商务订单中进行异常变动处理的情况有客户取消订单和（　　）。
   A. 客户补货　　B. 客户单据拆分　　C. 客户增订　　D. 客户取消订单

9. 根据电商客服的工具途径可分为文字客服、视频客服、（　　）、语音客服等。
   A. 售前客服　　B. 售中客服　　C. 微信客服　　D. 售后客服

10. 下列哪些选项不属于电商客服的工作内容（　　）。
    A. 退换货　　B. 退款　　C. 订单跟踪　　D. 打印发票

11. （　　）是指仓储业务所需的所有技术装置与机具。
    A. 仓储设施　　B. 仓储设备　　C. 仓储工具　　D. 仓储组织

12. （　　）是指用支架、隔板或托架组成的立体储存货物的设施。
    A. 货位　　B. 货仓　　C. 货架　　D. 托盘

13. 托盘堆码高度一般不超过（　　）m,堆码时必须注意货物包装的堆码限制,防止因摆放层数过多导致底层货物挤压损坏。
    A. 1　　B. 1.5　　C. 2　　D. 8

14. （　　）就是指将商品受外界环境因素影响所发生的损失减少到最低程度而采取的储存手段和方法。
    A. 商品合理分配　　B. 商品合理流通

C. 商品合理储存 D. 商品合理加工

15. ( )是将货物从仓库保管区域搬运到拣货区的工作。
    A. 拣货作业 B. 补货作业 C. 储存作业 D. 加工作业
16. 下列选项中不属于仓库内商品补货作业时机的是( )。
    A. 批次补货 B. 定时补货 C. 随机补货 D. 偶尔补货
17. 补货作业通常以( )为作业单位。
    A. 货架 B. 托盘 C. 木箱 D. 集装箱
18. 在货区的布置中,( )布局的优点是仓库内形式复杂,货位和进出库路径多。
    A. 倾斜式布局 B. 通道倾斜式布局
    C. 货垛倾斜式布局 D. 纵横式布局
19. 电瓶式叉车以蓄电池为能源,其作业通道宽度一般为( )m。
    A. 3~4 B. 3~5 C. 5~8 D. 6~9
20. ( )是用于集装、堆放、搬运和运输的放置作为单元负荷的货物和制品的水平平台装置。
    A. 纸箱 B. 托盘 C. 货架 D. 集装箱
21. 包装工具的作用是( )。
    A. 促进完成打包工作 B. 美观作用
    C. 保护作用 D. 环保作用
22. 比较适合作为书籍的包装材料的是( )。
    A. 塑料袋 B. 纸箱 C. 泡沫箱 D. 玻璃瓶
23. 属于可以再生利用的包装材料的是( )。
    A. 塑料袋 B. 纸箱 C. 编织袋 D. 泡沫箱
24. 对于易碎物品需要的措施是( )。
    A. 减低温度 B. 提高温度
    C. 泡沫包裹并贴提示语 D. 单独运输
25. 可以作为报销的凭证的是( )。
    A. 售后卡 B. 发票 C. 礼品卡 D. 发货单
26. 电商物流售后相关的信息则是从商品( )开始,到商品出库、运输、派送等相关流程的物流信息。
    A. 在库信息 B. 库存信息 C. 物流信息 D. 跟踪信息
27. 关于物流信息跟踪问题,( )应及时利用系统查核商品在库(建包、分拣)、出库、配送信息。
    A. 买方 B. 卖方
    C. 物流配送方 D. 卖方及物流配送方
28. 在淘宝平台中,买家收货后需退货,应该按照( )的步骤进行操作。
    A. "我的淘宝"→"已买到的宝贝"→"退款/退货"
    B. "我的淘宝"→"已买到的宝贝"→"申请售后"→"退款/退货"
    C. "我的淘宝"→"申请售后"→"退款/退货"

D."我的淘宝"→"退款/退货"→"已买到的宝贝"
29. 买家下错单或自己原因退换货、商家发错货或商品质量问题等原因退换货的相关问题,属于( )。
A. 物流信息跟踪问题　　　　　　　B. 包裹损毁、丢失问题
C. 无法联系问题　　　　　　　　　D. 退、换货问题
30. ( )反映了物流各种活动内容的知识、资料、图像、数据、文件。
A. 物流活动　　B. 物流文件　　C. 物流信息　　D. 物流资源

二、多选题

1. 未审核订单进行修改的3个重要工作细节有( )。
A. 看备注　　B. 看买家留言　　C. 看地址改快递　　D. 看销售数量
2. 根据电商客服所处的阶段可分为( )
A. 售前服务　　B. 售中服务　　C. 售后服务　　D. 物流服务
3. 电商订单处理的步骤有( )
A. 订单准备和传输　　　　　　　　B. 订单录入
C. 订单履行　　　　　　　　　　　D. 订单报告
4. 快递电子面单行业内也被称为( )
A. 热敏纸快递标签　　　　　　　　B. 经济型面单
C. 二维码面单　　　　　　　　　　D. 电子快递单
5. 订单处理中,库存量不足订单处理方式有( )
A. 转预订单　　B. 订单拆分　　C. 代销发货　　D. 订单补货
6. 货物码放时,必须遵循( )的原则。
A. 大不压小　　B. 重不压轻　　C. 木不压纸　　D. 小不压大
7. 货区的布置形式可分为( )。
A. 垂直式布局　　B. 倾斜式布局　　C. 纵横式布局　　D. 纵列式布局
8. 下列选项属于商品储存策略的是( )。
A. 定位储放　　B. 随机储放　　C. 分类储放　　D. 定类储放
9. 库房进行商品编号时,四号定位法所表示的内容有( )。
A. 库房号　　B. 货架号　　C. 层数　　D. 储位
10. 仓库内商品补货的方式有( )。
A. 整箱补货　　　　　　　　　　　B. 托盘补货
C. 货架上层—货架下层补货　　　　D. 随机补货
11. 常用的分拣方法是( )。
A. 播种式分拣法　　　　　　　　　B. 摘果式分拣法
C. 播种摘果综合法　　　　　　　　D. 顺序分拣法
12. 以下属于包装内容的是( )。
A. 礼品卡　　B. 发货单　　C. 售后卡　　D. 发票
13. 包装的功能有( )。
A. 保护　　B. 存储　　C. 环保　　D. 美化

14. 运输水果等需要新鲜运输的货物可以采用的包装材料是（　　）。
　　A. 塑料袋　　　　B. 纸箱　　　　C. 冰袋　　　　D. 泡沫箱
15. 药物包装应注意的因素是（　　）。
　　A. 避光　　　　B. 密封　　　　C. 温度　　　　D. 防潮
16. 物流信息包括（　　）。
　　A. 仓储信息　　B. 运输信息　　C. 加工信息　　D. 包装信息
17. 售后物流常见的问题包括（　　）。
　　A. 物流信息跟踪问题　　　　　　B. 包裹损毁、丢失问题
　　C. 地址错误问题　　　　　　　　D. 商品质量问题
18. 以下关于退换货流程中产生的费用权责问题处理正确的是（　　）。
　　A. 买家因个人原因退货时，需要承担退货运费
　　B. 商品出现质量问题，在买家举证成功后，买家无须承担退货运费
　　C. 卖家承诺"免费试用"，买家无理由退货时无须承担退货运费
　　D. 买家或卖家购买"运费险"后，由保险公司对运费进行理赔
19. 设计退换货说明模板应依据（　　）。
　　A. 网购平台规则　　　　　　　　B. 退换货流程
　　C. 企业商品特性　　　　　　　　D. 顾客群体特征
20. 以下处理退换货问题时，做法正确的是（　　）。
　　A. 先安抚顾客的情绪
　　B. 详细了解相关信息
　　C. 规劝顾客放弃退换货
　　D. 指引顾客进行退换货流程操作

三、判断题

1. 客户签收的活动出现在售后服务中。（　　）
2. 电商订单的本质是双赢约定，并被有效履行。（　　）
3. 电商订单颜色为黄色为异常单，表示同一 ID 存在未付款的订单。（　　）
4. 微信客服综合了文字客服、视频客服和语音客服的全部功能。（　　）
5. 售中服务包括快递查询、催发货、修改订单、缺货通知、催付款等。（　　）
6. 售后服务包括退款退货、换货、返修、投诉处理、物流咨询、买家评价管理等。（　　）
7. 订单付款活动出现在售中服务中。（　　）
8. 层架不适用于人工存取作业。（　　）
9. 托盘货架又俗称为横梁式货架或称货位式货架，通常为重型货架。（　　）
10. 自动货柜主要适用于体积大、价值低的物品的储存与管理。（　　）
11. 危险货物以托盘运输时，性质不同的危险货物可以混装在同一托盘上。（　　）
12. 货物码放时必须符合货物包装上储运图示标志的规定，按文字、箭头方向码放。（　　）
13. 货架上层—货架下层的补货方式适合于体积不大、存货量不高的货物。（　　）

14. 先进先出是指先保管的商品先出库的原则，一般适用于寿命周期长的商品。（　）
15. 播种式分拣法和摘果式分拣法可以结合使用。（　）
16. 播种式分拣是分拣人员或分拣工具巡回于各个储存点并将分店所需货物取出，完成配货任务,货位相对固定,而分拣人员或分拣工具相对运动。（　）
17. 摘果式分拣是分货人员或工具从储存点集中取出各个分店共同需要的货物,然后巡回于各分店的货位之间,将货物按分店需求量放在各分店的货位上,再取出下一种共同需求商品。（　）
18. 对于刀具,则用厚纸做成护套,将刀刃包住,并用胶带固定。（　）
19. 药物包装应注意防潮、避光、通风等,特殊的药物要特别注意。（　）
20. 售前客服需要对进行咨询的顾客及其订单内相关商品信息进行确认,才能依据指定的信息进行咨询作答。（　）

四、简答题

1. 电子商务客服的核心职能有哪些？
2. 电商订单处理的原则有哪些？
3. 快递电子面单优势有哪些？
4. 仓储设备的特点有哪些？
5. 仓储货架使用注意事项有哪些？
6. 影响仓库内部布局的主要因素有哪些？
7. 分拣策略有哪些？
8. 简述商品包装的功能。
9. 简述常用商品包装材料。
10. "退换货说明"需要哪些基本内容？

五、实训题

1. 人工制作汇总单和配货单。
(1) 随机设计5～8份商品订单；
(2) 根据商品订单制作汇总单和配货单；
(3) 多次训练,并进行计时考核,制作速度快且准确的为优。
2. 分拣训练。
(1) 准备小件商品若干(如10种商品,每种10件)；
(2) 准备客户订单、汇总单、配货单3～5套；
(3) 3人一个小组,抽取相关单证,分别进行摘果式、播种式分拣训练；
(4) 多次训练,并进行计时考核,分拣速度快且准确的为优。
3. 设计退换货说明模板。
(1) 抽签决定销售平台及销售商品类别；
(2) 熟悉该平台相关规定；
(3) 根据平台相关规定及商品特性进行设计；
(4) 在课堂上进行分享。

我成了电商物流部管理人员

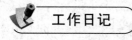

做中学，学中做

在电商物流部试用期间，我要做的事情很繁杂，每天重复性的日常管理中，常常觉得乏味，虽然不断地暗示自己要努力、要加油，把工作做好，但偶尔还是会懈怠，草草地完成任务，然后迷茫将来是否日复一日地做着这些熟悉而又无趣的事情。

同期同事李辉似乎和我想法一样，刚开始时干劲十足，后来越趋平淡。电商物流部杨经理看到我们如此不温不火的状态，十分着急，他约见了我和李辉，跟我们畅聊起来。

杨经理："你们的工作表现不错，很快就能升职成为一名主管。但是，如果按照你们现在这样的状态，恐怕难以熬过3个月的试用期。"

我："杨经理，我知道我们还有很多的不足。平时也就这些工作，也没有什么机会学习更多的技能。所以，我也不知道怎么办才好。"

杨经理："在仓库中，无论哪一个岗位、哪一件具体的工作，都隐含着与之相关的专业知识。几年前，我和你们一样，每天机械化地做某些工作，感觉很没劲。后来，带我的师傅告诉我，只简单地完成手上的工作，你永远没有进步，要学会留意、观察、思考过程中的一切，摄取有用的知识和技能，才能提升自己的能力，才能在同事中脱颖而出，才能在公司找到属于自己的天地。"

我："能具体给我们讲讲如何做中学，学中做吗？"

杨经理："你能告诉我这段时间以来，你接触过哪些商品？每种商品的型号、规格是多少？在仓库中，它们各自的编号是什么？具体放在哪个货位？每种商品出入库频率的高低？如果回答不上来，说明你没有留意任务中与之相关的专业知识，这些却正是电商物流部主管上岗的基础。如果你能注意到这点，任何工作都会变得有意义……"

是啊，如果我们仅仅为工作而工作，不思考总结，不扩展学习，最终只会每天完成相同的任务而没有任何进步，也就没有成为主管的能力。听完杨经理的话，我意识到自己的不足之处，我应该在我的岗位上边做边学，获得更多的知识与技能，为我的职业生涯的发展加倍努力！

 项目综述

陈晓玲与李辉在小松鼠贸易有限公司电商物流部实习了5个月后，掌握跟单员、仓储作业员、分拣员、打包员以及售后员5个岗位的职责并熟练掌握这5个岗位要求的工作技能,深得电商物流部经理杨经理的好评,为此杨经理推荐他们担任电商物流部主管,试用期3个月。

作为电商物流部主管的陈晓玲与李辉,需要掌握的知识与技能更多。包括商品仓库的日常管理、信息技术的使用、物流模式的选择、物流服务供应商的管理,甚至还要了解跨境电商物流等新兴事物。本项目将对以上技能和知识进行学习。

项目目标

通过本项目的学习,应达到的具体目标如下。

知识目标:

(1) 了解电子商务物流部的日常管理内容;

(2) 了解电商物流常用的信息系统;

(3) 了解电子商务环境下的物流信息化,熟悉电商物流信息技术;

(4) 熟悉电商物流模式;

(5) 明确第三方物流服务供应商的择优条件;

(6) 认识跨境电商的物流模式。

技能目标:

(1) 熟练操作盘点商品、养护商品和存放及堆码商品等技能;

(2) 熟练使用条形码、射频技术的相关设备设施;

(3) 能根据实际情况选择电商物流模式;

(4) 能设置运费模板;

(5) 能设计店铺物流说明;

(6) 能为跨国订单发货。

项目任务

任务1　学习电子商务物流日常管理

任务2　运用电商物流信息技术进行管理

任务3　选择电商物流模式

任务4　管理第三方物流服务供应商

任务5　了解跨境电商环境下的物流服务

任务1　学习电子商务物流日常管理

情景再现

【人物】杨经理、新任主管李辉

【地点】仓库商品货架前,如图3.1.1所示

【对话】

李辉:杨经理,非常感谢您的赏识,让我担任主管一职。

图 3.1.1　商品货架

杨经理：李辉，这是你努力工作的结果。不过，要担当好这一职务，你还要多下功夫。

李辉：我知道。主管的工作与之前一线员工的工作大有不同。我还记得您之前的教导，我要学习更多的知识和技能。

杨经理：好！那么，我觉得你就从仓库的日常管理着手吧。包括商品的盘点、养护、堆码等，这些大有学问呢。

李辉：好的。

任务分解

作为电子商务物流的初级管理者，当然要学会电子商务企业仓库的日常管理。电子商务企业的仓库里，由于商品种类多、单件货品较小、商品进出库频繁，必须定期进行盘点，尽早发现问题。另外，作为食品仓库，对于商品的养护有很高的要求，作为管理者就要对商品的养护条件全部了解，同时施行相应的养护措施。

总的来说，本任务将分为3个活动：盘点商品、养护商品和存放及堆码商品。

设备准备

记账用笔、红笔、空白盘点票、盘点记录表、盘点盈亏汇总表、呆料废料处理月报表、物品报损单、温度计、湿度计、仓库温湿度控制表、仓库自我检查表、托盘、卷尺、磅秤。

活动1　盘点商品

活动背景

月末，小松鼠贸易有限公司要了解仓库库存情况，要求电商物流部主管陈晓玲与李辉，组织部财务人员及仓库管理员到仓库盘点，要求在规定的库存区域内，对库存商品进行盘点检查，核对存货与账目记载数量是否一致，查明各项物品的可用程度，发现不良品、呆滞品均要记录，并用货卡标识出来。

活动实施

(1) 本次盘点为月末定期盘点,一般在每个月最后一天。首先进行盘点准备;其次结清库存资料、清理存储现场、打印账目表,并向仓储作业员发放盘点单据。

知识窗

盘 点 方 式

(1) 定期盘点,即仓库的全面盘点,是指在一定时间内,一般是每季度、每半年或年终财务结算前进行一次全面的盘点,由货主派人会同仓库保管员、商品会计一起进行盘点对账。

(2) 临时盘点,即当仓库发生货物损失事故,或保管员更换,或仓库与货主认为有必要盘点对账时,组织一次局部性或全面的盘点。

(2) 盘点商品。

① 清点库存商品件数。

② 查验货物尺寸(规格),特别注意根据约定或者货物的特性,用合法的标准量器(如卡尺、直尺、卷尺等)丈量货物的长、宽、高。

③ 查验货物重量。

④ 检验货物表面状态,确定货物在存储期间有无包装破损、内容外泄、变质、油污、散落、结块或变形等不良质量状况。

⑤ 剔除残损。盘点员将外表状况不良、怀疑内容有损坏的货物剔出,单独存放,避免与其他正常货物混淆。对被剔出的货物进行质量检验,确定其内容是否受损以及受损程度。

(3) 初盘。初盘员根据清点后的情况,填写盘点票,如表3.1.1所示。盘点票填写完毕后粘于盘点对象上,复盘后转记在《盘点记录表》(见表3.1.2)中。

表 3.1.1　盘点票

盘点票			盘点票		
日期:		NO.:	日期:		NO.:
材料□	半成品□	成品□	材料□	半成品□	成品□
良品□	呆滞品□	废品□	良品□	呆滞品□	废品□
存货编码:			存货编码:		
物料名称:			物料名称:		
规格型号:			规格型号:		
计量单位:			计量单位:		
盘点数量:			盘点数量:		
盘点人:			盘点人:		
抽盘数量:			抽盘数量:		
抽盘人:			抽盘人:		
附注:1. 盘点票粘于盘点对象上 2. 此票按照连续编号并转记于盘点表内 3. 不得涂改,更改时须签字确认			附注:1. 盘点票粘于盘点对象上 2. 此票按照连续编号并转记于盘点表内 3. 不得涂改,更改时须签字确认		

(4) 复盘。复盘员要确认初盘数量,如果复盘数量与初盘数量不一致,要与初盘人员做好复核确认,确定最终数量,记录于盘点记录表上,如表 3.1.2 所示。复盘完毕后,从实物处取下盘点票。

表 3.1.2 盘点记录表

编号:　　　　　　　盘点类型:　　　　　　　盘点日期:　　年　月　日
仓库名称:

进仓日期	仓单号	名称	型号规格	储位	库存数量	原进仓数量	盘点人	初盘结果	复盘结果	备注

编制:　　　　　　　　　　　　　　　　　　　　　　　　　审核:

(5) 汇总核对盘点结果。盘点员将盘点单汇总,并将盘点所得的库存货物的实际数量与库存账目进行核对,形成盘点盈亏汇总表(见表 3.1.3)、呆料废料处理月报表(见表 3.1.4)、物品报损单(见表 3.1.5)。

表 3.1.3 盘点盈亏报告表

经管部门:　　　　　　　　　　　　　　　　年　月　日　　NO.:

存货编码	存货名称	规格型号	单位	单价	账面数量	盘点数量	盘盈		盘亏		差异原因说明	拟处理对策及建议
							数量	金额	数量	金额		

财务　　　　　　　经理　　　　　　　主管　　　　　　　制表

表 3.1.4 呆料废料处理月报表

经管部门：　　　　　　　　　　　　　　　　年　月　日　　NO.：

项目	物品名称	物品规格	料别		库存数量	最后领用日期	原因分析	数量	原单价	处理方式	处置	
			呆滞	废料							费用	收入

| 财务 | | 经理 | | 主管 | | 制表 | |

表 3.1.5 物品报损单

经管部门：　　　　　　　　　　　　　　　　年　月　日　　NO.：

序号	编码	名称	规格	单位	数量	金额	报损原因	备注

| 财务 | 经理 | 主管 | 制表 |

（6）由主管陈晓玲与李辉编制并上报盘点分析报告，并向上级汇报盘点结果处理，包括盘盈盘亏、呆滞品、不良品。同时，给出相应的分析结论和建议。

想一想

面对盘盈盘亏、呆滞品、不良品等盘点结果应该如何处理呢?

友情提示

(1) 盘盈盘亏。盘盈是指实物比正确的账面记录的数量多;盘亏就是指实物比正确的账面记录少。

盘点盈亏根本表现在商品的损溢,其归根结底是由于员工平时工作疏忽、责任心不强,不严格按照规程操作造成的。因此,要避免盘点中大的盈亏差错,必须加强全员的责任心培养与业务技术的提升。具体做法如下。

① 从根本上增强工作责任心;
② 严格控制进货关和销售关;
③ 检查各类度量衡器具,保证计量准确无误;
④ 加强报表单据各环节的复核与控制;
⑤ 加强盗窃的各类防范活动,减少因此带来的暗损失。

(2) 呆滞品。存量过多,销售量极少,或者库存周转率极低的商品就是呆滞品。

对呆滞品要做到提前预防和发现呆滞。对于电子商务企业,进货前做好市场调研,对于新产品应配合营销部门做好促销。对于已经发现的呆滞品,应及早提醒营销部门,做清仓促销,或折卖,或作为礼品寄送给客户。

(3) 不良品。不良品是指不符合产品质量标准或订货合同规定的技术要求的产品。对于食品企业来说,很容易产生过期、变质、变形的不良品。

仓储部门应做好产品的搬运规范。商品的摆放也应规定高度和重量;库存品做到先进先出,以防止产品变质。

活动评价

李辉和陈晓玲带领几个工作人员加班完成了盘点工作。他们发现盘点的工作量很大,同时也极其需要耐心细致的工作态度。因此,在每次定期盘点时,应该选用较为细心以及有耐心的员工参与盘点。

活动2 养护商品

活动背景

近来,小松鼠贸易有限公司接到网上销售客户反馈信息,有客户反映通过网上购买的小松鼠贸易有限公司的商品质量有问题,有商品存在变质现象。公司通过了解排除了物流运输的因素,产生商品变质的因素应该出现在仓库。为此公司要求电商物流部主管陈晓玲与李辉去了解仓库商品养护情况,并解决好商品变质的问题。

活动实施

一、仓库温湿度测量与记录

(1) 掌握温湿度记录仪(见图 3.1.2～图 3.1.3)的用法。

图 3.1.2　壁挂式温湿度记录仪

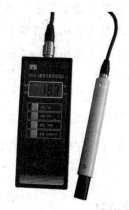

图 3.1.3　手持式温湿度记录仪

(2) 对仓库温湿度进行测量,记录于《仓库温湿度控制表》中,如表 3.1.6 所示。

表 3.1.6　仓库温湿度控制表

库房号：　　　　　　　　　　　　　　　　　　　存储商品：

日期	上午(9:30—10:00)					下午(15:30—16:00)					记录人(签名)
	温度/℃	相对湿度/%rh	如超标采取何种养护措施	采取措施后		温度/℃	相对湿度/%rh	如超标采取何种养护措施	采取措施后		
				温度/℃	相对湿度/%rh				温度/℃	相对湿度/%rh	
	月最高温度	月最低温度	月平均温度			月最高相对湿度	月最低相对湿度	月平均相对湿度			

知识窗

(1) 空气温度。空气温度也就是气温,是表示空气冷热程度的物理量。

(2) 空气湿度。空气湿度是指表示空气中水汽含量的多少或空气干湿的程度。

绝对湿度是指单位容积的空气里实际所含水分的重量,一般用 mg/l 作指标。

饱和湿度是在一定温度下,单位容积空气中所能容纳的水汽量的最大限度。

相对湿度是指空气中实际含有的水蒸汽量(绝对湿度)距离饱和状态(饱和湿度)程度的百分比,即在一定温度下,绝对湿度占饱和湿度的百分比数。例如,某机房平常所说的湿度为 60%,即指相对湿度。

空气温度与湿度之间有着相应的关系。温度如发生了变化,则湿度也随之发生改变。

(3) 分析当前仓库温湿度的情况,结合商品的存储环境要求,制定仓库温湿度控制措施。

知识窗

温湿度控制的方法

密封:就是将商品严密封闭,减少外界因素对商品的不良影响,切断感染途径,达到安全储存的目的,包括整库密封、整垛密封、整柜密封、整件密封。

通风:就是利用库内外空气对流,达到调节库内温湿度的目的,通风有自然通风和机械通风。

吸湿:就是利用吸湿剂减少库房的水分,以降低库内湿度的一种方法,包括冷却除湿、静态除湿、动态吸湿。

洒水:洒水降温、洒水增湿。

(4) 实施并检查仓库温湿度控制的效果。

二、仓库自我检查

(1) 根据仓库自我检查表(见表 3.1.7)所列的选项,对实训室进行检查,登记于表中。

(2) 对仓库自我检查表进行分析,及时发现存在的安全隐患,并加以改正。

表 3.1.7　仓库自我检查表

检查项目		月 日 星期一	月 日 星期二	月 日 星期三	月 日 星期四	月 日 星期五	月 日 星期六	月 日 星期日
货物	货物状态							
设施	库房清洁							
	作业通道							

续表

检查项目		月 日 星期一	月 日 星期二	月 日 星期三	月 日 星期四	月 日 星期五	月 日 星期六	月 日 星期日
设施	库房照明							
	库房门窗							
	标志标识							
温湿度	相对湿度							
	相对温度							
设备	用具管理							
	托盘维护							
消防	消防通道							
	消防设备							
安全	安全防护							
管理	员工出勤							

检查人签字：

知识窗

1. 商品害虫防治技术

(1) 杜绝仓库害虫的来源。

(2) 物理防治：高温杀虫法、低温杀虫法、射线杀虫与射线不育法、微波杀虫法、远红外线杀虫法。

(3) 化学防治：熏蒸杀虫法、接触杀虫法、胃毒杀虫法。

(4) 生物学杀虫法：利用害虫的天敌和人工合成的昆虫激素类似物来控制和消灭害虫。

2. 商品防腐防霉技术

(1) 低温防霉腐方法

通过控制商品本身的温度,使其低于霉腐微生物生长繁殖最低界限,控制酶的活性。

(2) 干燥防霉腐

通过脱水干燥,使商品的水分含量在安全储存水分之下,以抵制霉腐微生物的生命活动而达到商品防霉腐目的的一种养护方法。

(3) 缺氧气调防霉腐

根据好氧微生物需氧代谢的特性,通过调节密封环境中气体的组成成分来抵制霉腐微生物的生理活动、酶的活性和减弱鲜活食品的呼吸强度,以达到防霉腐和保鲜的目的。

(4) 药剂防霉腐

利用化学药剂使霉腐微生物的细胞和新陈代谢活动受到抑制或破坏,从而达到抑制或杀灭微生物，防止商品霉腐目的的一种防霉腐方法。

(5) 辐射防霉腐

利用同位素钴60与铯137放射出的穿透力很强的辐射状射线照射食品，以杀灭食品商品上的微生物，破坏酶的活性，抵制鲜活食品的生理活动，从而达到防酶腐目的的一种储存养护方法。

活动评价

商品的养护需要长期进行，特别是在食品仓库。为了防治仓库的鼠患，李辉和陈晓玲还商量着要不要养一只猫。

活动3　存放及堆码商品

活动背景

近来，小松鼠贸易有限公司网上销售越来越红火，为此公司根据销售实际情况决定扩大商品的库存，但仓库容积有限。为此公司要求电商物流部主管陈晓玲与李辉去了解仓库存放及堆码商品情况，并进行优化以提高仓库利用率及商品库存的效率。

活动实施

一、确定库内商品的存放方式

一般来说，商品在库内的基本存放方式有散堆法、货架堆码法、垛堆法、成组堆码法。应根据商品的不同性质进行选择。

散堆法适用于无包装的散货，如煤炭、矿石、散粮等。

货架堆码法适用于一些不宜堆高，必须适用专用货架进行存放的商品，如小五金、药品等，有时存放量较少的商品也应使用货架堆码法，方便存取。

垛堆法适用于有包装的货物，可根据货物的形状堆放成不同的垛型，节省仓容。

成组堆码法是在垛堆法的基础上，采用托盘等设备实现单元化，方便使用机械设备进行成组的搬运，提高效率，同时与重型货架配合，大大提高仓库使用率。

想一想

以下商品(见图3.1.4~图3.1.6)适合使用哪种存放方式呢？

对于小松鼠贸易有限公司的商品来说，大部分商品都成箱包装的，可以使用成组堆码法堆放在重型货架上。另外，很多商品又是需要拆箱分拣，因此，也要使用货架堆码法存放已经拆箱的商品。

项目三 我成了电商物流部管理人员

图 3.1.4 螺丝钉

图 3.1.5 散粮

图 3.1.6 包装货物

二、为成箱包装的商品选择最优的堆码方式

1. 堆码方式

四种最常见的堆码方式如下。

（1）重叠式，如图 3.1.7 所示。货物各层排列方式、数量完全相同，层间无交叉搭接，垛形整齐。这种形式的优点是操作简单、计数容易、收发方便；缺点是稳定性差、易倒垛。此种垛形是机械化作业的主要垛形之一，适用于箱装货物、平板、片式商品、钢板、集装箱等。

（2）纵横交错式，如图 3.1.8 所示。将长短一致，宽度排列能够与长度相等的商品，一层横放，一层竖放，纵横交错堆码，形成方形垛。这种货垛上下两层的货物的图谱正好旋转 90°，层间互相搭接，这种形式的优点是稳定性较好；缺点是只能用于正方形托盘，是机械化作业的主要垛形之一。长短一致的管材、棒材、狭长的箱装材料等均可用这种垛形。

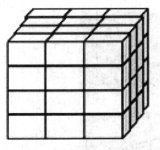
图 3.1.7 重叠式堆码

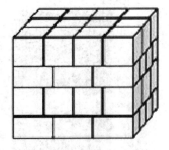
图 3.1.8 纵横交错式堆码

（3）正反交错式，如图 3.1.9 所示。同一层中，不同列的以 90°垂直码放，相邻两层的码放形式是另一层旋转 180°的形式。这种形式类似于建筑上的砌砖方式，优点是不同层间咬合强度较强，相邻层之间不重缝，因而码放后稳定性较高；缺点是操作较为麻烦。

（4）旋转交错式，如图 3.1.10 所示。第一层相邻的两个货物互为 90°，两层间码放又相差 180°。这种形式的优点是相邻两层相互咬合交叉，货体的稳定性较高，不易塌垛；缺点是码放的难度较大，且中间形成空穴，降低托盘的利用率。

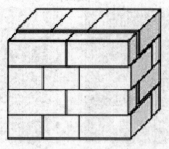
图 3.1.9 正反交错式堆码

图 3.1.10 旋转交错式堆码

2. 选择最优的堆码方式

（1）用卷尺测量箱子底面长宽，计算理论最大箱数。

$$理论最大箱数 = \frac{托盘面积}{箱子底面积}$$

例如托盘长 1.2 米，宽 1 米，纸箱长 0.4 米，宽 0.2 米。经计算，理论最大箱数是 15。那么，可以认为单层最大可以堆放 15 箱该商品。

（2）实际试堆四种堆码方式。

（3）根据节省空间、货垛稳固、符合货物特殊要求的择优标准，确定最优方式。

如以上所提商品，使用重叠式、纵横交错式和正反交错式都可以实现单层 15 箱，满足节省空间条件。但从货垛稳固性来考虑，应该使用纵横交错式的堆码方式。如果该商品有通风的要求，才会选用旋转交错式进行堆码，如图 3.1.11 所示。

图 3.1.11 为商品选择合适的堆码方式

活动评价

托盘堆码和货架堆码是小松鼠贸易有限公司仓库最常用的堆码方法，而纵横交错式是托盘堆码最常用的堆码方式。

任务 2　运用电商物流信息技术进行管理

情景再现

【人物】杨经理、新任主管陈晓玲

【地点】经理办公室

【对话】

杨经理：晓玲，我准备让你熟悉一下这个 WMS 仓储管理系统（如图 3.2.1 所示）。

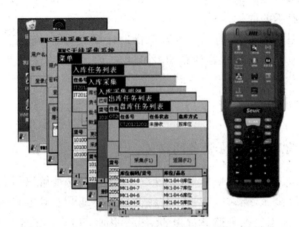

图 3.2.1　WMS 仓储管理系统

陈晓玲：哦，我们准备使用这个系统吗？那太好了，这将大大提高我们的效率。

杨经理：是的。我们的订单越来越多，光靠人工进行管理容易出错，效率又低。我早就想给咱们物流部上系统了，就是刚刚才得到总经理的同意。

陈晓玲：那我马上和这系统的开发企业沟通，尽快熟悉，并投入使用。

杨经理：对，你快去吧。

陈晓玲：好的，杨经理再见。

任务分解

软件市场上有很多物流信息系统，有通用版本也有定制版本。有仓储管理信息系统，也有运输管理信息系统。电商企业主要使用 WMS 仓储管理系统就可以大大提高其发货及仓储的效率、减少人工劳力、降低出错率。本任务需要熟悉某 WMS 仓储信息系统，陈晓玲决定从了解电商环境下将使用哪些物流信息化手段着手，然后运用条码技术收集数据，最后使用 WMS 信息系统对仓库进行管理。

因此，本任务分解为以下 3 个活动：了解电子商务环境下的物流信息化、运用条码技术采集数据和使用 WMS 信息系统。

设备准备

物流信息系统、电脑、条形码打印机、信息化手持终端。

活动1　了解电子商务环境下的物流信息化

活动背景

随着各种先进通信技术的应用,信息化程度已经成为各企业综合竞争力比拼强弱的标准。电子商务的发展,其对物流配送产生了强烈的市场需求,小松鼠贸易有限公司越来越重视物流的信息技术的应用。

在物流部杨经理的安排下,陈晓玲和李辉借助计算机网络,开始进行信息化技术的自主学习。通过网络搜索引擎搜索物流信息化相关知识,了解物流信息化的概念及WMS仓储管理信息系统。

活动实施

一、了解物流信息化对电子商务的意义

电子商务通过快捷、高效的信息处理手段可以比较容易地解决信息流(信息交换)、商流(所有权转移)和资金流(支付)的问题,而将商品及时地配送到客户手中,即完成商品的空间转移(物流),才标志着电子商务过程的结束。因此,物流系统效率的高低是电子商务成功与否的关键,而物流效率的高低很大程度上取决于物流现代化的水平。

物流现代化中最重要的部分是物流信息化。现代社会已步入信息化时代,物流的信息化是整个社会信息化的必然要求。物流信息化是电子商务物流的基本要求,是企业信息化的重要组成部分,表现为物流信息的商品化、物流信息收集的数据化和代码化、物流信息处理的电子化和计算机化、物流信息传递的标准化和实时化、物流信息存储的数字化等。物流信息化能更好地协调生产与销售、运输、储存等环节的联系,对优化供货程序、缩短物流时间及降低库存都具有十分重要的意义。

二、认识电子商务中使用到的物流信息化技术

1. 物流条码技术

在现代物流活动中,为了能迅速、准确地识别商品,自动读取有关商品的信息,条形码技术被广泛应用。条码技术是在计算机的应用实践中产生和发展起来的一种自动识别技术,它是为实现对信息的自动扫描而设计的。它是实现快速、准确而可靠地采集数据的有效手段。条码技术的应用解决了数据录入和数据采集的"瓶颈"问题,为供应链管理提供了有力的技术支持。

条码技术像一条纽带,把产品生命期中各阶段发生的信息连接在一起,使企业在激烈的市场竞争中处于有利地位。条码技术为人们提供了一种对物流中的物品进行标识和描述的方法,借助自动识别技术、POS系统、EDI等现代技术手段,企业可以随时了解有关

产品在供应链上的位置,并及时做出反应。当今在欧美等发达国家兴起的自动连续补货等供应链管理策略,都离不开条码技术的应用。条码是实现 POS 系统、EDI、电子商务、供应链管理的技术基础,是物流管理现代化、提高企业管理水平和竞争能力的重要技术手段。

条码(见图 3.2.2)是由一组粗细不同、若干个黑色的"条"和白色的"空"的单元所组成,其中,黑色条对光的反射率低而白色的空对光的反射率高,再加上条与空的宽度不同,就能使扫描光线产生不同的反射接收效果,在光电转换设备上转换成不同的电脉冲,形成了可以传输的电子信息。

图 3.2.2 条码

条码技术还在向广度和深度发展。各国还在研究和开发包容大量信息的二维条码新技术以及相应的扫描设备。现在,世界各国重视发展与条码技术相关的磁卡、光卡、智能 IC 卡技术。

2. **射频识别(Radio Frequency Identification,RFID)技术**

RFID 技术的核心是电磁理论的运用。不同于条码技术,其优点是不局限于视线,识别距离比光学系统远,是非接触式自动识别技术的一种。射频识别技术适用于物料跟踪、运载工具和货架识别等要求非接触数据采集和交换的场合和领域,对于需要频繁改变数据内容的场合也极为适用。

RFID(见图 3.2.3)在本质上是物品标识手段,它被认为将最终取代现今应用非常广泛的传统条形码,成为物品标识的最有效方式,它具有以下一些非常明显的优点。

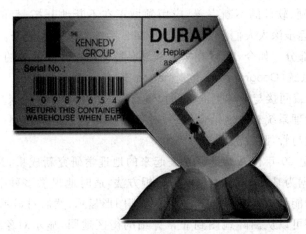

图 3.2.3 RFID 标签

(1) 读取方便快捷。数据的读取无需光源,甚至可以透过外包装来进行。有效识别距离更大,采用自带电池的主动标签时,有效识别距离可达到 30 米以上。

(2) 识别速度快。标签一进入磁场,解读器就可以即时读取其中的信息,而且能够同时处理多个标签,实现批量识别。

(3) 数据容量大。数据容量最大的二维条形码(PDF417),最多也只能存储 2 725 个数字,若包含字母,存储量则会更少,RFID 标签可以根据用户的需要扩充到数十 KB(千字节)。

(4) 使用寿命长,应用范围广。其无线通信方式,使其可以应用粉尘、油污等高污染环境和放射性环境,而且其封闭式包装使得其寿命大大超过印刷的条形码。

(5) 标签数据可动态更改。利用编程器可以写入数据,从而赋予 RFID 标签交互式便携时局文件的功能,而且写入时间相比打印条形码更少。

(6) 动态实时通信。标签以每秒 50~100 次的频率与解读器进行通信,所以只要 RFID 标签所附着的物体出现在解读器的有效识别范围内,就可以对其位置进行动态的追踪和监控。

(7) 更好的安全性。不仅可以嵌入或附着在不同形状、类型的产品上,而且可以为标签数据的读写设置密码保护,从而具有更高的安全性。

技术专家认为,RFID 技术的应用会有非常显著的"学习曲线"。最早采用这项技术的企业可能"一步领先,步步领先"。这就不难解释以供应链和存货管理为核心竞争力的沃尔玛能"敢为天下先",第一个定下时间表要求其供应商采纳 RFID 技术。

3. 全球定位系统(Global Positioning System,GPS)技术

GPS 的含义是利用导航卫星进行测时和测距,以构成全球定位系统。它的定位原理是 GPS 导航仪接收信号以测量无线电信号的传输时间来量测距离,以距离来判定卫星在太空中的位置。

GPS 是耗资 200 亿美元于 1994 年全面建成的,具有在海、陆、空进行全方位实时三维导航与定位能力的新一代卫星导航和定位系统,在美国已经有 20 多年历史。随着 GPS 的不断改进,硬、软件的不断完善,应用领域正在不断地开拓,目前已遍及国民经济各个部门,并开始逐步深入人们的日常生活。GPS 系统包括三大部分:空间部分、地面控制部分、用户设备部分。如今,GPS 在物流领域已经渐渐得到了普遍的应用。

4. 地理信息系统(Geographical Information System,GIS)技术

GIS 是指直接或间接与地球上的空间位置有关的信息。GIS 的定义为一种能把图形管理系统和数据管理系统有机地结合起来,对各种空间数据进行收集、存储、分析和可视化表达的信息处理与管理系统。

GIS 是 20 世纪 60 年代开始迅速发展起来的地理学研究新成果,是多种学科交叉的产物,它以空间数据为基础,采用地理模型分析方法,适时地提供多种空间的和动态的地理信息。其基本功能是把表格型数据转换为地理图形显示,然后对显示结果浏览、操作和分析。其显示范围可以从洲际地图到非常详细的街区地图,显示对象包括人口、销售情况、运输线路以及其他内容。

三、了解常用的 WMS

WMS 是仓库管理系统（Warehouse Management System）的缩写,它是通过入库业务、出库业务、仓库调拨、库存调拨和虚仓管理等功能,综合批次管理、物料对应、库存盘点、质检管理、虚仓管理和即时库存管理等功能综合运用的管理系统,有效控制并跟踪仓库业务的物流和成本管理全过程,实现完善的企业仓储信息管理。该系统可以独立执行库存操作,与其他系统的单据和凭证等结合使用,可提供更为完整全面的企业业务流程和财务管理信息。

仓储作业流程包含以下几个子模块：基础信息管理、订单管理系统、WMS、商务结算系统、决策分析系统。

基础信息管理对仓储流程中用到的一些第三方客户信息等的维护。

订单管理系统是对整个仓储库外作业发起的集中处理系统。

WMS 是对仓储业务的处理。主要分为 3 个层面：基础层,主要是对库房的划分、第三方货品的基本信息、货品 ABC 的设置、库龄的设置、系统作业环节的配置信息的维护；作业层,主要是对由订单系统发起的任务的调度、反馈,对库内作业的发起、调度、反馈；决策层,主要是对基本信息的统计分析,以便领导层决策,这部分在决策分析系统中也有一部分。

商务结算系统是对业务过程中产生的应收应付费用进行处理。

决策分析系统是对基于仓储产生的长期业务情况进行汇总,生成一些报表或饼图、柱图。以便公司的领导层决策。

活动评价

在电子商务企业中,条码技术、RFID 技术、GIS 技术使得电子商务物流更为便捷,更为高效。WMS 也常常被应用于电子商务企业中。

活动 2 运用条码技术采集数据

活动背景

要使用物流信息系统首先要采集数据,物流信息系统采集数据技术包括了条码技术和 RFID 技术。陈晓玲在上一个活动中已经学习到了这一点。接下来,就要学习如何使用条码技术采集数据了。

活动实施

（1）条形码制作。

使用 Excel 软件按图 3.2.4～图 3.2.15 所示操作,制作条形码。

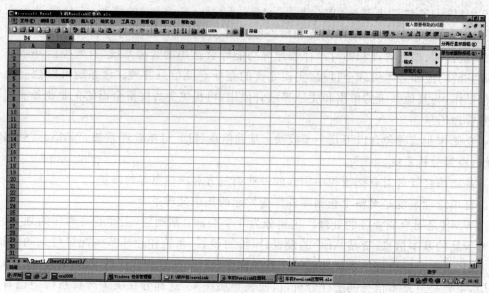

图 3.2.4 "添加或删除按钮"|"自定义"命令

图 3.2.5 "自定义"对话框

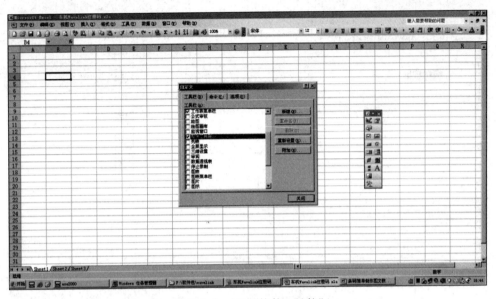

图 3.2.6　勾选"控件工具箱"

图 3.2.7　在控件工具箱里添加 Microsoft BarCode Control 9.0

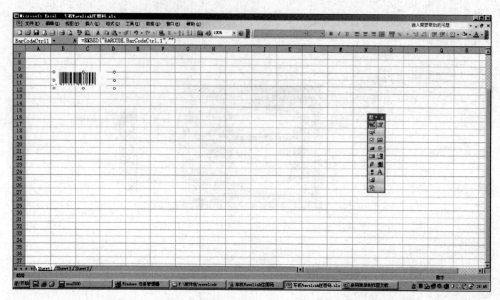

图 3.2.8　光标变成十字状，在表中拉出一块条码区域

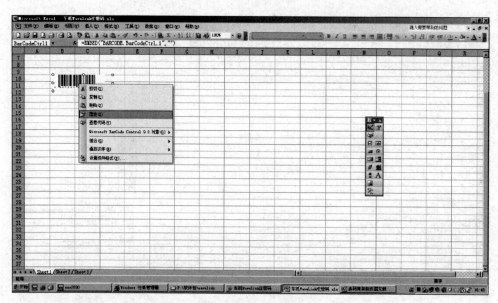

图 3.2.9　右击条码，选择属性

项目三 我成了电商物流部管理人员

图 3.2.10 在"属性"窗格中输入 Value,这里就是你要这个条码显示的内容

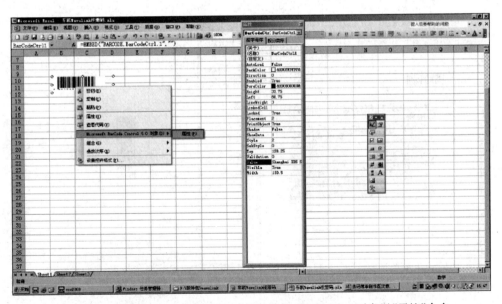

图 3.2.11 右击条码,选择"Microsoft BarCode Control 9.0 对象"|"属性"命令

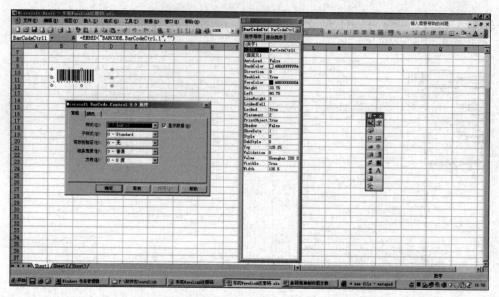

图 3.2.12 "Microsoft BarCode Control 9.0 属性"对话框

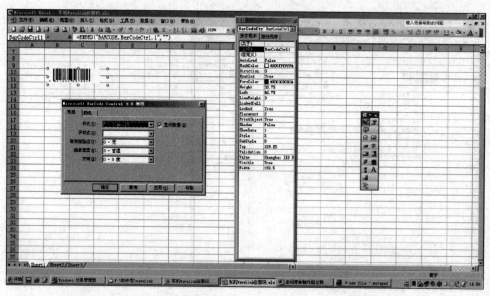

图 3.2.13 样式选择 7\Code\128,并勾选"显示数据"

项目三 我成了电商物流部管理人员

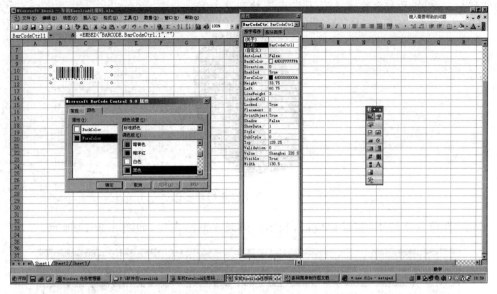

图 3.2.14　根据纸张颜色选择条码颜色，一般选 Forecoler 黑色

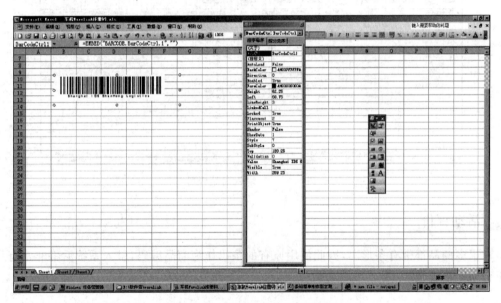

图 3.2.15　根据需求拉伸条码大小

最后进行打印，制作完毕！

条形码的制作一般用印刷，通过条码打印机（见图 3.2.16）或激光雕刻机打印条形码。条码打印机和普通打印机的最大的区别就是，条码打印机的打印是以热转印为基础，以碳带为打印介质（或直接使用热敏纸）完成打印，配合不同材质的碳带可以实现高质量

135

的打印效果和在无人看管的情况下实现连续高速打印。

图 3.2.16　不干胶条码打印机

（2）在信息系统中，初始化数据，利用条码录入商品资料，如图 3.2.17 所示。

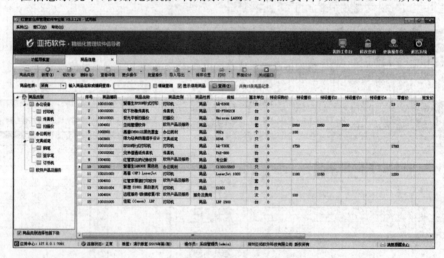

图 3.2.17　录入商品资料

活动评价

很多商品都带有条形码，因此使用原有的条码作为商品编码，录入系统后将非常有利于仓库库存管理。

活动 3　使用 WMS 信息系统

活动背景

小松鼠贸易有限公司虽然是一家电子商务公司，但由于初期货量较少，在物流方面采用的是传统手工记账的方式。随着业务量增大，出现了以下问题。

（1）花费大量时间；

（2）统计的数量不准确，造成某些产品进货量过剩，而某些产品进货量不足；

（3）前端客服人员不能在第一时间得到准确的库存信息，超卖造成延迟发货；

(4)部分库存产品存放时间过长导致质量下降,影响企业产品信誉。

以上问题在当时已经严重影响了该企业快速成长,同时也造成许多浪费和损失。公司决定使用专业的 WMS 仓储管理系统,并与前端销售后台连接,实现全面信息化。

活动实施

(1)使用 PC 端进行入库操作。

① 新增入库订单,如图 3.2.18 所示。进入订单管理系统后选择"订单管理"|"订单录入"命令新增入库订单。

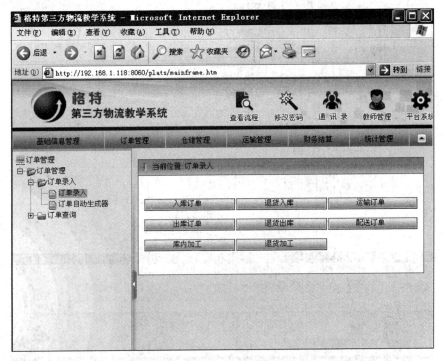

图 3.2.18 新增入库订单

② 填写"订单信息",如图 3.2.19 所示。

③ 填写"订单入库信息",如图 3.2.20 所示。

④ 填写"订单货品",如图 3.2.21 所示。

⑤ "生成作业计划"之后,系统将自动转到仓储系统的调度单中。

⑥ 进行入库调度,如图 3.2.22 所示。进入仓储管理系统后,选择"仓储管理"|"入库作业"|"入库预处理"命令。

⑦ 调度:进行上架处理,如图 3.2.23 所示。

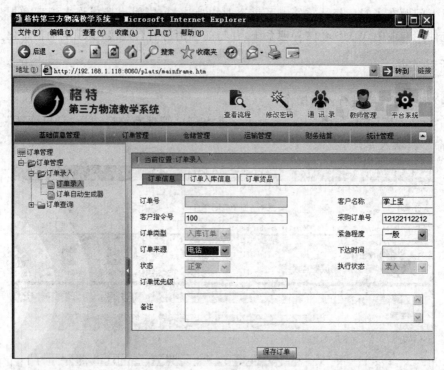

图 3.2.19 填写订单信息

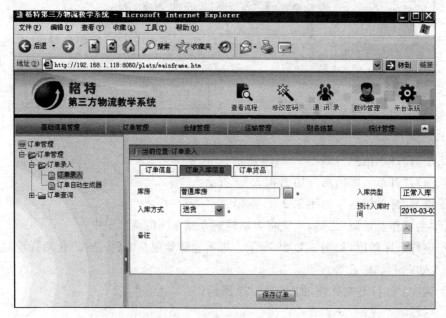

图 3.2.20 填写订单入库信息

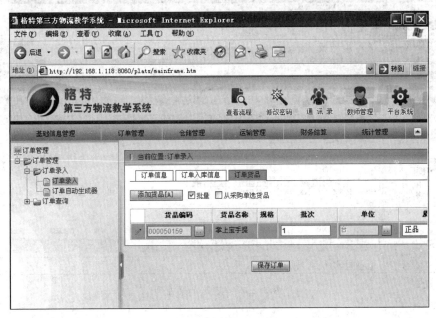

图 3.2.21 填写订单货品

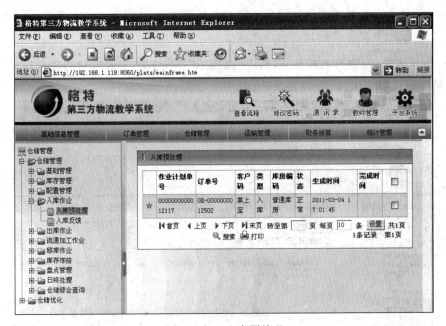

图 3.2.22 入库预处理

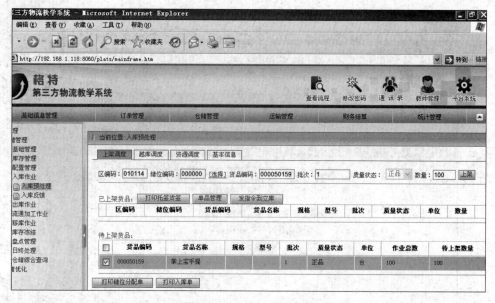

图 3.2.23 进行上架处理

越库调度是指不经过上架处理直接出库的调度方式,适用于货品非常紧张的情况,这时候只要匹配一个出库单就行。

⑧ 调度完成后,进行入库作业,然后根据实际工作结果,正确填写实收数量或者通过 RF 手持终端进行操作,如图 3.2.24 所示。

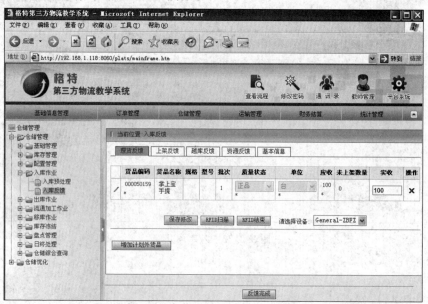

图 3.2.24 入库反馈

⑨ 反馈完成后就可以查看库存。

（2）在 PC 端进行移库、出库、流通加工、库存查询、盘点等操作。

（3）在 RF 手持终端进行入库、移库、出库操作。

① 打开桌面上的 STARTUP 程序，最小化此程序，打开网址：http://127.0.0.1:8060/plats/index_cc.jsp。

② 登录第三方物流系统，用户名为 3PL_ADMIN，密码为 1。

③ 此时在手持终端也打开网址：http://本地服务器 IP:8060/pwms/login.jsp，那么会出现如图 3.2.25 所示的界面。

图 3.2.25　登录界面

④ 入库。

a. 通过第三方物流系统建立入库订单：选择"订单管理"|"订单录入"|"新增"|"入库订单"|"保存订单"|"生成作业计划"|"确立生成"|"切换系统"|"仓储管理"|"入库作业"|"入库预处理"|"调度完成"命令。

b. 手持终端输入网址：http://127.0.0.1:8060/pwms/login.jsp，登录系统。用户名为 3PL_ADMIN，密码为 1，单击入库，此时会出现如图 3.2.26 所示界面。

单号	库房	生成时间	理货	复核	上架
12135	1	14 12:45	理货	复核	上架
12136	1	14 12:50	理货	复核	上架
12138	1	14 15:34	理货	复核	上架

上页　下页

主菜单

图 3.2.26　入库界面

c. 单击"理货"|RFID 命令后理货完成，如图 3.2.27 所示。

图 3.2.27　操作界面

d. 切换到第三方物流系统。选择"入库反馈"|"上架反馈"命令后，单击"待上架货

品"命令,选择"分配储位"|"上架"命令。

e. 手持终端:选择"入库"|"上架"|"输入编码"|"输入货位"|"上架完成"|"完成"命令。

此时此入库订单已经完成,自动消失。

⑤ 出库。

a. 通过第三方物流系统建立出库订单:选择"订单管理"|"订单录入"|"新增"|"出库订单"|"保存订单"|"生成作业计划"|"确立生成"|"切换系统"|"仓储管理"|"出库作业"|"出库预处理"|"调度完成"命令。

b. 手持终端 http://127.0.0.1:8060/pwms/login.jsp:选择"出库理货"和"拣货"命令,如图 3.2.28 所示。

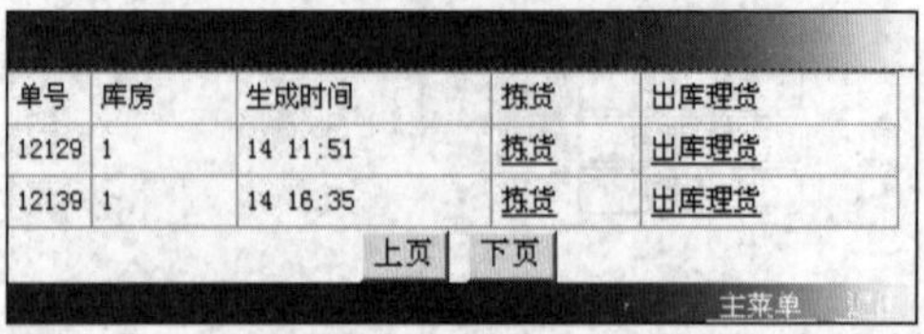

图 3.2.28　出库界面

c. 输入"编码"和"货位"后,单击"下一条"命令,如图 3.2.29 所示。

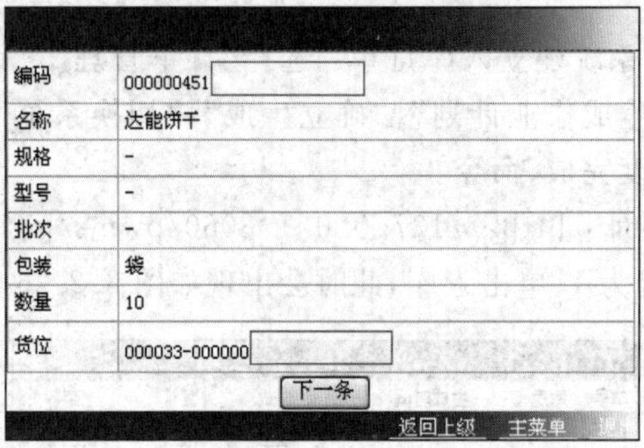

图 3.2.29　出库货位输入

d. 选择"出库"|"出库理货"|"理货完成"后,单击"理货完成"命令,如图 3.2.30 所示。

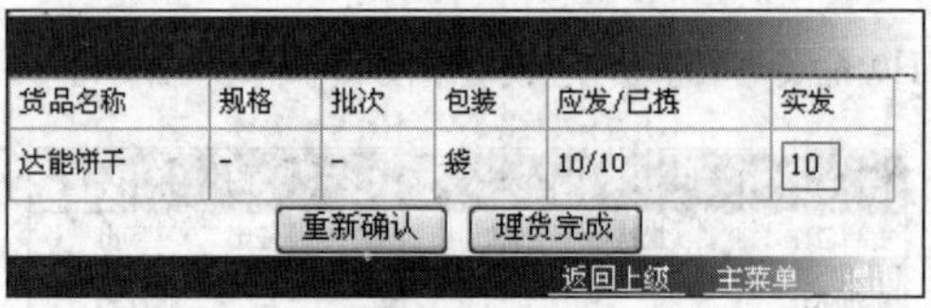

图 3.2.30　出库理货

e. 此时出库订单已经完成,自动消失。

⑥ 移库。

a. 通过第三方物流系统建立出库订单：选择"仓储管理"|"移库作业单"|"新增（移库订单）"|"保存"|"移库作业单提交"|"移库预处理"|"调度完成"命令。

b. 手持终端：选择"移库"|"下架"命令后，输入"编码"和"货位"后，单击"下一条"命令，如图 3.2.31 所示。

图 3.2.31 移库货位输入

c. 手持终端：选择"移库"|"上架"命令后，输入"编码"和"货位"后，单击"下一条"|"移库完成"命令，如图 3.2.32 所示。

图 3.2.32 移库完成

d. 此时出库订单已经完成，自动消失。

⑦ 商品查询。手持终端：选择"商品查询"命令后，输入"货品编码"后，按回车键，如图 3.2.33 所示。

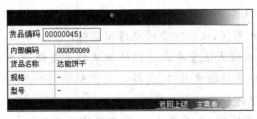

图 3.2.33 商品查询

⑧ 库存查询。手持终端：选择"库存查询"命令后，输入"货品编码"后，按回车键，如图 3.2.34 所示。

活动评价

WMS 软件搭配 RF 手持终端有利于仓库工作人员在进行仓库入库作业、出库作业、分拣作业等的同时进行数据的更新，并且可以借助 RF 手持终端代替纸质单据的使用，更

图 3.2.34 商品库存查询

加便利,同时降低出错率。

任务3 选择电商物流模式

情景再现

【人物】杨经理、新任主管李辉

【地点】某次公司聚餐饭桌上

【对话】

杨经理:李辉,"双十一"快要到了,物流部准备好了吗?

李辉:我已经着手准备了,正在和物流公司洽谈中。我们准备和物流公司签订深度合作协议,不能再像往年那样,被物流公司要得团团转。

杨经理:我觉得物流模式很重要。我们的物流模式是使用第三方物流公司,不像京东商城,他们使用自己建立的物流网络,能很好地控制物流的服务质量。所以,我们也要高瞻远瞩,为我们公司选择合适的物流模式。

李辉:杨经理说得有道理,公司要壮大,我们要有远见才行。

杨经理:所以你要尽快去学习学习,看看现在都有哪些物流模式,哪些值得借鉴,我们能不能改进一下。

李辉:好好好。我会努力的。

任务分解

李辉"奉命"学习物流模式,看看现在都有哪些物流模式,有哪些值得借鉴之处。因此,本任务分解为以下3个活动:熟悉电商物流模式、分析电商物流模式选择因素和了解新型物流模式。

设备准备

电脑、网络、笔记本。

活动1　熟悉电商物流模式

活动背景

李辉上任电商物流部主管不久,"双11"马上要到了,今年公司将借助"双11"进行大量的宣传和促销,预计货物的出库量达到空前的程度。但小松鼠贸易有限公司的现行物流模式已经不能满足物流市场的多频度、小批量订货需求,必须在物流模式的彻底变革下提高物流效率。为了选择能适应公司发展的物流模式,李辉须对电商物流模式先进行深入了解。他利用网络进行自主学习,通过网络搜索引擎搜索相关知识,了解电商物流模式的概念和内容,然后通过活动巩固相关知识点。

活动实施

一、了解电商物流模式的概念

利用网络选用合适的搜索引擎,如 www.baidu.com(百度)、www.google.cn(谷歌)、www.360.com(360搜索)、www.sogou.com(搜狗)等搜索有关电商物流模式概念的解释文字,完成表3.3.1的填写。

表3.3.1　电商物流模式描述表

项　　目	内　　容	选用的搜索引擎
解释一		
解释二		
整合理解的概念		

电商物流模式的概念

电商物流模式是指物流企业采用网络化的计算机技术和现代化的硬件设备、软件系统及先进的管理手段,针对社会需求,严格地按用户的订货要求,进行一系列理、配货工作,按时按量地送交没有范围限制的各类用户以满足其对商品的需求。这种新型物流配送与传统物流模式相比,有信息化、社会化、现代化、自动化等诸多特征,能使货畅其流、物尽所用,既降低物流成本,又提高物流效率,有利于整个社会经济效益的提高及宏观调控。电子商务下物流模式的内涵可以用以下公式来表述:

电子商务物流模式＝网上信息传递＋网上交易＋网上结算＋门到门配送服务

二、掌握电商物流模式的类型及特点

在搜索引擎文本框中输入：电商物流模式的类型及特征，进行搜索。挑选电商物流模式的类型及特征的内容进行阅读，筛选相关内容，收集填入表 3.3.2 中或自行建立文档保存。

表 3.3.2　电商物流模式的类型及特征列表（STOW 分析）

物流模式	优势	劣势	机遇	挑战
自营配送模式				
第三方物流模式				
物流联盟模式				
物流一体化				

电商物流模式的类型

1. 自营配送模式

自营配送模式是指企业物流配送的各个环节由企业自身筹建并组织管理，实现对企业内部及外部货物配送的模式。

2. 第三方物流模式

第三方物流是物流专业化的物流形式，指物流活动和配送工作由商品供方和需方之外的第三方提供，第三方不参与商品的买卖，而是提供从生产到销售整个流通过程的物流服务，包括商品运输、储存、配送以及包装加工等一系列增值服务，这些服务建立在现代电子信息技术的基础上。

3. 物流联盟模式

物流联盟模式就是第三方物流包括运输、仓储、信息经营者等以契约形式结成战略联盟，内部信息共享和信息交流，相互间协作，形成第三方物流网络系统，联盟可包括多家同地和异地的各类运输企业、场站、仓储经营者，理论上联盟规模越大，可获得的总体效益越大。

4. 物流一体化模式

物流一体化模式是在第三方物流的基础上发展起来的。所谓物流一体化，就是以物流系统为核心的由生产企业，经由物流企业、销售企业，直至消费者供应链的整体化和系统化。它是指物流业发展的高级和成熟的阶段。

活动评价

李辉发现大型的电商企业为了摆脱第三方物流企业的掣肘，提高物流服务质量，不惜花费大量人力物力建立自己的物流系统。但是，中小型电商企业难以有这样的实力。他们只能使用第三方物流企业协助完成物流配送。

活动 2　分析电商物流模式选择因素

活动背景

在对电商物流模式有了深刻认识后,陈晓玲与李辉还须进一步分析各类电商物流模式的运用案例,掌握影响电商物流模式的选择因素。然后两人将结合公司经营物流的能力,采用恰当的方法选择能适应小松鼠贸易有限公司发展的物流模式,从而大幅提高物流的效率,保证"双 11"期间货物的配送速度不慢于平日的速度,以应对即将到来的"双 11"促销活动,解决困扰电商物流部的物流难题。

活动实施

一、总结电商物流模式的选择因素

1. 物流对企业成功的影响度和企业对物流的管理能力

物流对企业成功的重要度高,企业处理物流的能力相对较低,则采用第三方物流;物流对企业成功的重要度较低,同时企业处理物流的能力也低,则外购物流服务;物流对企业成功重要度很高,且企业处理物流能力也高,则自营物流。

2. 企业对物流控制力要求

越是竞争激烈的产业,企业越是要强化对供应和分销渠道的控制,此时企业应该自营物流。一般来说,主机厂或最终产品制造商对渠道或供应链过程的控制力比较强,往往选择自营物流,即作为龙头企业来组织全过程的物流活动和制定物流服务标准。

3. 企业产品自身的物流特点

对于大宗工业品原料的回运或鲜活产品的分销,则应利用相对固定的专业物流服务供应商和短渠道物流;对全球市场的分销,宜采用地区性的专业物流公司提供支援;对产品线单一的或为主机厂做配套的企业,则应在龙头企业统一下自营物流;对于技术性较强的物流服务如口岸物流服务,企业应采用委托代理的方式;对非标准设备的制造商来说,企业自营虽有利可图,但是应该交给专业物流服务公司去做。

4. 企业规模和实力

一般说来,大中型企业由于实力较雄厚,有能力建立自己的物流系统,制订合适的物流需求计划,保证物流服务的质量。另外,还可以利用过剩的物流网络资源拓展外部业务。而小企业则受人员、资金和管理的资源的限制,物流管理效率难以提高。此时,企业为把资源用于主要的核心的业务上,就适宜把物流管理交给第三方专业物流代理公司。

5. 物流系统总成本

在选择是自营还是物流外协时,必须弄清两种模式物流系统总成本的情况。计算公式为:

物流系统总成本 ＝总运输成本＋库存维持费用＋批量成本＋总固定仓储费用
　　　　　　　　　＋总变动仓储费用＋订单处理和信息费用＋顾客服务费用

这些成本之间存在着二律背反现象,所以,在选择和设计物流系统时,要对物流系统

的总成本加以论证,最后选择成本最小的物流系统。

二、选择电商物流模式的方法

1. 功能分析法

功能分析法就是电子商务企业在物流运输、仓储、配送等基本功能分析的基础上对其物流服务能力进行评估,决定选择自营物流还是第三方物流的方法。如果选择第三方物流,电子商务企业通常是向第三方物流企业购买一项或几项功能性物流服务,由于物流服务的分散性、临时性,物流公司很难为电子商务企业量身定造个性化物流服务。从决策过程来看,功能分析法更侧重于物流功能的分析,对物流功能战略分析,特别是物流成本和服务水平放在较次要位置。

2. 优劣势比较分析法

优劣势比较分析法就是电子商务企业在对不同物流模式优势、劣势分析考察的基础上,结合自身实际来选择物流模式的方法。不同的物流模式有各自的优势和劣势,电子商务企业应根据自身的实际情况、业务性质、作业要求进行认真分析,来选择适合自己企业的物流模式。

3. 交易费用比较法

该法指电子商务企业通过分析比较物流市场上不同交易费用的大小而选择物流模式的方法。交易的费用包括发现价格、组织谈判和签约等费用。

4. 矩阵选择法

每个电子商务企业的实际情况有所不同,选择物流模式的约束条件也各异,但电子商务企业在选择物流模式时,至少应该考虑物流服务对本企业的影响程度和本企业经营物流的能力,其决策参考模型可用图 3.3.1 表示。

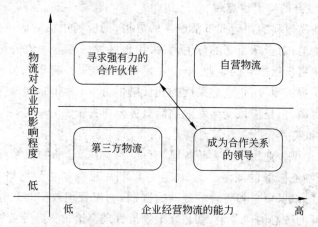

图 3.3.1 电子商务企业选择物流模式的参考模型

三、选择适应企业发展的电商物流模式

(1) 用优劣势比较分析法分析公司经营现状,填入表 3.3.3 中。

表 3.3.3　小松鼠贸易有限公司选择优势劣势分析表

物流模式	优　势	劣　势
自营配送模式		
第三方物流模式		
物流联盟模式		
物流一体化模式		

（2）对四种电商物流模式的优劣评价。
（3）综合考虑影响电商物流模式的选择因素，降低劣势的危害。
（4）决策分析和实施。

活动评价

对于选择性决策，我们常常需要把各项选择的优势、劣势一一列明，然后对各个优势、劣势进行轻重加分，最后按照得分理性地进行选择。而不是拍脑袋决定。

活动 3　了解新型物流模式

活动背景

小松鼠贸易有限公司的"双 11"大战终于结束了，"双 11"期间的物流难题因为电商物流部主管陈晓玲与李辉的明智决策而顺利解决，但也反映出电商物流部门的眼光短浅问题。因此，公司要求电商物流部主管陈晓玲与李辉去了解电子商务环境的新型物流模式，为小松鼠贸易有限公司适应未来高速的发展变化做好准备工作。

活动实施

一、分析新型物流模式的案例

(1) 在搜索引擎文本框中输入：新型物流模式案例，进行搜索。
(2) 挑选自认为比较精彩的 4 个新型物流模式案例进行阅读，把新型物流模式内容摘取下来，收集填入表 3.3.4 中或自行建立文档保存。

表 3.3.4　新型物流模式案例列表

序号	标　题	案 例 内 容	对本企业的启发
1			
2			
3			
4			

二、总结新型物流模式以及实施对策

1. 第四方物流

第四方物流是指一个供应链的集成商,它对公司内部和具有互补性的服务供应商所拥有的不同资源、能力和技术进行整合和管理,提供一整套供应链解决方案,又称为"总承包商"或"领衔物流服务商"。

实施对策:加强物流基础设施的规划和建设;大力发展第三方物流;加速物流产业信息化,建立全国物流公共信息平台;加快物流人才培养。

2. 绿色物流

绿色物流是指在物流过程中抑制物流对环境造成损害的同时,实现物流环境的净化,使物流资源得到最充分的利用。从绿色物流活动的范围来看,它既包括各个单项的绿色物流作业如绿色运输、绿色包装、绿色流通加工等,还包括为实现资源再利用而进行的废弃物循环物流,是物流操作和管理全程的绿色化。

实施对策:树立绿色物流观念;推行绿色物流经营(选择绿色运输、提倡绿色包装、开展绿色流通加工、搜集和管理绿色信息);开发绿色物流技术;制定绿色物流法规;加强对绿色物流人才的培养。

3. 电子物流

电子物流可称为物流电子化或物流信息化,它是指利用电子化的手段,尤其是利用互联网技术来完成物流全过程的协调、控制和管理,实现从网络前端到最终客户端的所有中间过程服务,其最显著的特点是各种软件与物流服务的融合应用。

实施对策:建设系统;发展第三方物流;完善物流培训;实现现代物流系统。

4. 虚拟物流

虚拟物流是指以计算机网络技术进行物流运作与管理,实现企业间物流资源共享和优化配置的物流方式。虚拟物流是利用日益完善的通信网络技术及手段,将分布于全球的企业仓库虚拟整合为一个大型物流支持系统,以完成快速、精确、稳定的物资保障任务,满足物流市场的多频度、小批量订货需求。对于中小企业来说虚拟物流的意义十分重大。

实施对策:构建城市物流信息平台;强化企业认识;物流标准化体系建设;重视物流人力资源的开发。

活动评价

每位管理者都应该有远见,能在事情发生之前尽量做到未雨绸缪,这将是一名管理者的基本工作能力。

任务4 管理第三方物流服务供应商

情景再现

【人物】杨经理、新任主管李辉

【地点】总经理办公室

【对话】

杨经理：李辉，你在打包组工作时表现非常不错，所以我提拔你当上了主管。但是，上周我们的快递成本提高了很多，而且售后表示物流服务的投诉率有所上升。你怎么解释？

李辉：杨经理，请你再给我一次机会，我已经在考虑如何解决这些问题。上周，我们有几个包裹发了我们常用的快递，过了几天才发现不能送达，于是又转发 EMS，大大增加了我们的发货成本；还有几个包裹应客户要求发了不常用的快递公司，导致了丢货，我们只能重新发货。杨经理，我的经验和知识还有所欠缺，所以上周出现了这么多的问题，我恳请您原谅，并再给我一次机会改正。

杨经理：你能认识到你有所欠缺，并积极寻求解决办法，还不错。我们公司也足够包容，愿意给年轻人成长的机会。对于这些问题，你可以请教有经验的前辈，也可以通过一些电子商务论坛了解下别人是怎么做的。吸取他们的经验，尽快做出调整。

李辉：谢谢杨经理，我会尽快解决问题。

任务分解

李辉从经理室出来就马上付诸行动！他虚心向前辈取经，然后又到"淘宝论坛"中搜索了和"快递""物流"相关的精华帖。他把所听到的、看到的杂乱的经验进行整理，在一张白纸上写下了任务、目的和解决措施，如图 3.4.1 所示。

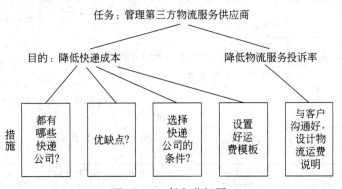

图 3.4.1　任务分解图

李辉根据图 3.4.1 将本次任务分解为 4 个活动：了解常见第三方物流服务供应商、明确第三方物流服务供应商择优条件、设置淘宝后台运费模板和设计物流说明。

设备准备

办公电脑、网店客服账号。

活动1　了解常见第三方物流服务供应商

活动背景

李辉要管理第三方物流服务供应商,解决快递成本和物流服务投诉率双升高的问题,首先就要了解常见的第三方物流服务供应商有哪些,它们分别有什么特点。

活动实施

(1) 认识常见第三方物流服务供应商及其优缺点。

经初步了解,为电子商务常用的第三方物流服务供应商分类,并总结其优缺点。可制作成表格,如表3.4.1所示,并且在后续的合作中继续补充相应内容,为以后选择第三方物流服务供应商提供依据。

表3.4.1　第三方物流服务供应商分类

服务一级分类	服务二级分类	供应商代表	优　　点	缺　　点
邮政系列服务	平信、平邮	中国邮政	派送范围最广,可使用打折邮票节省费用,不会丢件	递送慢,有些地方不能"门到门"派送
	邮政小包	中国邮政	派送范围最广,不会丢件,专为电商企业设计	递送慢
	EMS	中国邮政	派送范围最广,安全,快速	价格较高
快递服务	国内快递	圆通快递、申通快递	递送速度快、价格实惠	服务质量参差不齐,货物安全缺乏保障
	国际快递	UPS、FedEx	速度快,服务专业态度好,适合对时间要求高的客户	多由代理揽件,货物递送时间长,价格高,货物检查严格
物流托运服务	汽车托运	当地汽车托运站	费用较低,适用于大件货物	不能门到门派送
	火车托运	中国铁路局	费用低,适用于大件货物	不能门到门派送
	物流公司托运	佳吉物流、新邦物流	适用于大件货物,可以门到门派送	费用较高
客车托运服务	短途客车托运	当地短途客运站	费用低,运输快	容易丢件和重复收费,需要密切和收货人沟通
	长途客车托运	当地长途客运站	费用低,运输快	容易丢件和重复收费,需要密切和收货人沟通,线路较少

什么是第三方物流服务供应商

第三方物流服务供应商是指独立于买、卖双方的第三方企业,他们可以为买方(收货人)或卖方(发货人)提供专业化的物流服务。这些物流服务具有个性化、信息化、专业化的特点,常见的服务包括设计物流系统、厂内物流、货物集运、仓储、海关代理等,服务的范围非常广泛。

本课程所提到的第三方物流服务供应商主要集中在电子商务环境下常见的企业,这些企业为电子商务企业提供货物速递的物流服务。

通过查找网络资料,对表 3.4.1 中的第三方物流服务供应商的优缺点进行补充。

(2) 通过以下途径了解常见的第三方物流服务供应商。

① 通过一些快递综合查询平台可以看到常用快递列表,如快递之家(http://www.kiees.cn/)、菜鸟裹裹(http://www.guoguo-app.com/)等,分别如图 3.4.2 和图 3.4.3 所示。

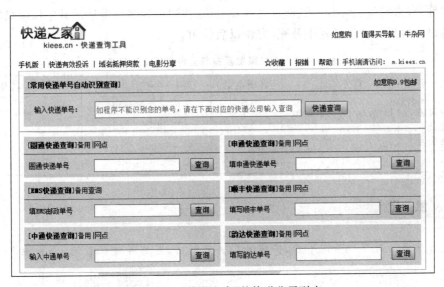

图 3.4.2 "快递之家"的快递公司列表

② 通过快递公司综合查询平台进入各个快递公司官方网站,可以查看该公司的基本资料、网点、派送区域、费用、联系电话等。

③ 还可以直接打这些快递公司的客服电话了解更详细的情况。最好能够直接与当地的营业网点联系,可以直接了解到快递费用及折扣信息。

图 3.4.3 "菜鸟裹裹"的快递公司大全

（3）制作常用快递列表。

根据网店自身情况，制作自用的常用快递列表，如表 3.4.2 所示。该列表应包括快递公司名称、官方网址、客服电话、网点名称及电话、快递员姓名及电话。其中快递员姓名及电话可以在以后的合作过程中补充，方便以后使用。

表 3.4.2　小松鼠贸易有限公司常用快递列表

快递公司名称	官方网址	客服电话	网点名称及电话	快递员姓名及电话
申通快递	http://www.sto.cn	95543	广东珠海公司 0756-8586818	暂无
圆通快递				
……				

通过快递公司综合查询平台、快递公司官方网站、电话等途径补充、完善表 3.4.2 中的内容。

活动评价

李辉认真整理了几个表格，理顺了烦乱的知识，对第三方物流服务供应商有了系统的了解。接下来将要怎么选择，他有了底气。

活动2 明确第三方物流服务供应商择优条件

活动背景

李辉发现常用的第三方物流服务供应商中各有各的优缺点,选择跟哪家合作首先需要根据自身的实际情况和要求,列出选择的条件。因此,李辉现在要做的就是根据小松鼠贸易有限公司的要求明确第三方物流服务供应商的择优条件。然后对照条件,选出合适的合作对象。

活动实施

(1) 根据自身情况明确对物流服务的需求。

电商企业销售的商品不同,所在地区不同都会对物流服务产生不同的需求,从而影响其选择不同的快递公司。比如销售家具的电商企业往往需要选择能提供物流托运服务的公司,因为一般的快递公司对快件有重量、体积的限制;销售生鲜商品的电商企业对时效的要求高,往往需要选择能提供空运服务的快递公司;如果该电商企业地处农村、山区,那么就只能选择在网店附近有网点的快递公司。

一般来说,电商企业对物流服务的需求包括成本需求、时效需求和服务质量需求。

① 成本需求。对于包邮商品,降低物流成本相当于提高利润水平。

② 时效需求。客户都希望能快点收到网购商品,物流时间越长引起客户不满的概率越高。

③ 服务质量需求。出现货损、丢货、快递员态度不好等都会引起客户对店铺的差评。

电商企业根据自身情况不同,对物流服务的需求各有侧重。可以通过表3.4.3进行需求分析,并列明原因。李辉根据小松鼠贸易有限公司的实际情况,填写了表3.4.3。

表3.4.3 小松鼠贸易有限公司对物流服务的需求分析

需求类别	成本需求	时效需求	服务质量需求
重要性评分(非常重要5分,一般重要4分,一般3分,不重要2分)	5	4	2
原因	"小松鼠"的商品属于快速消费品,单价低、品种多,以薄利多销的形式赚取利润,因此对物流成本非常敏感。想要在云云电商中获得良好发展,就需要尽量降低物流成本	作为网店,客户对到货时间都比较敏感,希望尽快能收到网购的商品	"小松鼠"的商品不易碎,也有一定的保质期,外包装基本能起到商品的保护作用,因此对物流服务质量的要求不高

做一做

"瓶中花"是一家销售鲜花的网店,你能为这家网店进行物流服务需求分析吗?"瓶瓶罐罐"是一家专门销售各类玻璃制品的网店,你能为这家网店进行物流服务需求分析吗?

(2)针对需求的侧重点,选择符合要求的第三方物流服务供应商。

网店对第三方物流服务供应商的成本需求、时效需求和服务质量需求可以转换为选择的条件。①成本需求要考察的是第三方物流服务供应商的运费价格;②时效需求考察的是第三方物流服务供应商的运输速度,大部分的快递公司使用陆运,有部分快递公司可以提供空运,这就大大提高了运输速度;③服务质量需求考察较多方面,包括物流公司的快递员收、派件的服务质量,覆盖网点是否够多,运输过程中会不会丢货、货损等。

通过需求分析,我们知道小松鼠贸易有限公司对物流成本的需求较高。因此,我们可以通过价格对比,对第三方物流服务供应商进行初步选择。至于时效和服务质量的需求,则可以通过几次的合作进行评定。

我们可以利用丰富的网络资源进行价格对比,快递小帮手(http://www.chakd.com)是一个较好用的快递价格和网点查询平台,如图3.4.4所示。在其首页输入出发地、到达地以及重量可以查到众多快递公司的价格,查询结果如图3.4.5所示。

图3.4.4 "快递小帮手"首页

图3.4.5 "快递小帮手"快递价格查询结果

同样,我们还可以通过各个第三方物流服务供应商的官方网址查询运费价格。李辉对比了很多快递公司的价格以及服务,整理出表3.4.5。

表 3.4.5 快递公司价格与服务对比

公司名称	运费查询网址	对比评价
中国邮政 EMS	http://www.ems.com.cn/	价格贵,但网点多,覆盖范围广
圆通速递	http://www.yto.net.cn/	网点多,价格便宜,但服务质量一般
申通快递	http://www.sto.cn/	网点多,价格便宜服务好,速度快
中通快递	http://www.zto.cn/	服务质量一般,网点多,价格便宜
顺丰速运	http://www.sf.express.com/sfwebapp/index.jsp	分空运、陆运,安全、服务质量较高,速度快,价格高
天天快递	http://www.ttkdex.com/index.asp	网点多、价格适中、服务质量一般
……	……	……

(3) 做好注意事项。

在与第三方物流服务供应商合作的过程中,要注意以下事项。

① 做好事前调研,选择两、三家符合要求的物流公司,并进行诚恳的合作。

② 每次发货前都要查询收件地址在不在你所选择的物流公司的派送范围。如果不经查核就发货,有可能会在货物走到一半没有办法走下去,只能选择退回或转发 EMS,从而导致物流成本增高。

③ 根据自身的发货量与合作的物流公司商量价格折扣,一般发货量越大越稳定能拿到越多的折扣。因此,可以答应物流公司尽量选择其发货。商讨好后,可以签订相应的合同或协议。

④ 货量少的电商企业可以事先跟物流公司买好快递运单,提前填好,既节省了快递员的等候时间,也方便及时进行后台操作。而货量大的电商企业更可以与合作的物流公司进行信息化对接,使用电子面单、网上下单平台等信息平台进行沟通、交易,这些都能大大提高物流的服务质量。

⑤ 把货物交给快递员前,必须验明快递员身份,就算是经常来收件的"熟面孔",也要多留个心眼,有可能他已经辞职了,在你不知情的情况下卷跑你的货物与钱款。

活动评价

李辉通过详细的调查、对比,认为公司不能只跟一家快递公司合作,应该备选两、三家符合公司要求的快递公司,并签订合作协议。发货前,发货人员查询收件地址哪家能派送就选择使用哪家快递公司,这将大大减少退货或者丢货的情况出现。

活动3　设置淘宝后台运费模板

活动背景

李辉经过对第三方物流服务供应商的调查后,决定更换首选的快递公司。他与该快递公司就运费、结算方式、收件时间等达成了共识,并签订了合作协议。接下来,李辉就要马上根据该快递公司给到的快递报价表,在网店后台设置好运费模板。小松鼠贸易有限公司在几大电商平台都开设了店铺,李辉选择了首先从淘宝店铺的后台设置着手修改。

活动实施

(1) 用卖家账号登录淘宝后台,在"我是卖家"中选择"物流工具"命令,如图3.4.6所示。

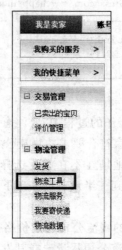

图3.4.6　选择"物流工具"

(2) 在"地址库"中根据店铺实际情况完善发货地址,如果已经设置,可以跳过这一步,如图3.4.7所示。

图3.4.7　完善发货地址

(3) 选择"运费模板",单击"新增运费模板"命令,如图3.4.8所示。

① 模板名称:要求简单明了,能够区分不同的运费政策,如"新疆西藏不包邮"模板、

图 3.4.8 新增运费模板

"江沪浙皖包邮"模板、"不包邮"模板以及"满足 2 件包邮"模板等名称都是可用的。

② 宝贝地址：按照宝贝发货地选择，有些店铺在不同的地区设置了仓库，就可以按照宝贝发货地不同设计以发货仓库所在地命名的运费模板。

③ 发货时间：一般是 24 小时内，根据自身情况可以 48 小时或者 72 小时内。

④ 计价方式：按照商品的属性来选择，快递公司一般以重量计价，所以这里一般也选择按重量计价，但前提是宝贝必须设置单件毛重。

对于小松鼠贸易有限公司来说，如果选择按"件数"计价，会出现问题吗？为什么？

⑤ 运送方式：分为快递、EMS 和平邮。如果都打上钩，客户可以在这 3 个运输方式中选择，如果只选择快递，客户则只能使用快递。由于平邮用时太长，一般网店不使用平邮。那么，可以选择快递和 EMS。

（4）根据自己所需以及快递报价表，设置快递运费。如果包邮，则默认运费为 0 元（必须填写，不能为空），增加运费也为 0 元。如果不包邮，按照快递报价表中大部分地区的价格来填写，一般默认运费为 10 元，增加运费为 8 元。

比如要设置一个全国除新疆西藏外地区包邮的运费模板，那么首先在新增运费模板页面，勾选"快递"命令，把默认运费设置为 0，增加运费也为 0；然后单击"为指定地区城市设置运费"命令；单击"编辑"命令弹出城市列表，如图 3.4.9 所示；选择新疆、西藏，如图 3.4.10 所示；根据快递报价表，为这两个城市设置运费，如首重 18 元，续重 8 元。

设置好后，单击"保存"命令，可以清晰地看到所设置的模板，如图 3.4.11 所示。

注意：目前越来越多港、澳、台及海外地区的客户通过网络购买商品，但是从国内发货到这些地区运费很贵，且手续复杂。所以，如果企业暂时不打算开通国际市场，那么在运费模板中要专门指定港、澳、台及海外地区的运费。

（5）如果想进行"满 2 件包邮""满 88 包邮"等促销活动，在淘宝后台还可以进行"指

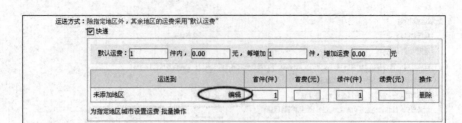

图 3.4.9 为指定地区城市设置运费

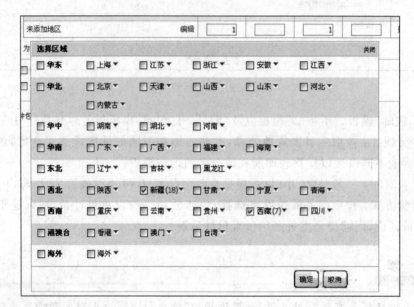

图 3.4.10 选择区域列表

图 3.4.11 保存模板

定条件包邮"的运费模板设置,如图 3.4.12 所示。

(6) 设置好运费模板后,不要忘记运用到商品中,如图 3.4.13 所示。一般由淘宝客服根据不同商品的促销策略进行应用。单击"发布宝贝"命令,然后找到"宝贝物流及安装服务",勾选"运费设置"命令,选择该宝贝相应的运费策略。注意,如果模板中选择了"按重量计价"命令,则要在宝贝的物流参数中设置"物流重量",单位是 kg。

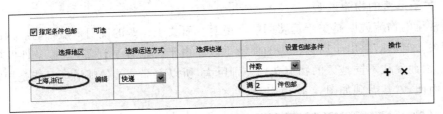

图 3.4.12 指定条件包邮

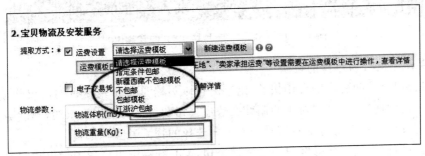

图 3.4.13 套用运费模板

活动评价

李辉根据快递公司给的报价表,设置了"不包邮"模板、"新疆西藏不包邮"运费模板、"江沪浙皖包邮"模板。另外,为响应公司最近推出的"满88元包邮"促销活动,设置了"满88元包邮"模板。同时,他还找机会给客服人员做了一次培训,让他们学会如何把这些模板应用到宝贝中。

活动 4 设计物流说明

活动背景

在商品描述中必须对可供客户选择的快递公司、物流运费做出清晰明确的说明,而这部分说明可以由负责发货的人员进行撰写。李辉经过调查对比决定更换原来常用的快递公司,重新选择了三家快递公司,分别是天天快递、韵达快递和顺丰快递,另外如果遇到偏远地区,则会选择 EMS。那么,商品描述中关于快递公司和物流运费的说明就要进行相应的修改。

活动实施

一、参考其他网店的物流说明

在电商平台查找一些网店的商品描述,看看他们是怎么写物流运费说明的。经过总结,物流说明大致有以下三种。

1. 关于运费的物流说明

最常见的物流说明是关于运费的物流说明。而关于运费的说明一般都与店铺的包邮策略相关。"包邮"是电子商务常用的促销手段。由于中国幅员辽阔，运输条件发展及其不平衡，因此发往不同地区的物流费用差别巨大，所以大部分的包邮活动只能是指定区域包邮。因此，常常看到如图3.4.14的物流说明。

图3.4.14 关于"部分地区包邮"的物流说明

2. 关于物流公司选择的说明

如果公司有长期稳定的合作快递，给出的包邮策略是基于较便宜的协议物流费用的基础上，在这种情况下，公司对于使用什么快递公司发货是有严格要求的，不能随意变更。因此，在宝贝描述页面就有了专门对物流公司选择的物流说明。

如有些店铺直接不接受客户指定快递公司，就必须在宝贝描述上做出相应的说明，以免一些对快递公司有偏好的顾客与客服商讨此事，浪费双方的时间，有时甚至影响顾客的购买体验。如图3.4.15所示，"三只松鼠"在其天猫店铺的某些商品中就贴出了"松鼠家不接受快递指定"的物流说明。也简短、礼貌地进行了解释：由于松鼠物流会根据收货地址自动匹配仓库以及快递，客服人员不便进行个性化更改，所以不接受快递指定。

图3.4.15 "三只松鼠"天猫店铺的物流说明

另外有些店铺有长期合作的快递公司，更换快递公司可能需要补交运费差价，我们就可以在宝贝描述页面告知客户，默认的快递公司，如果客户的地址无法收到这些快递公司的快件，或者客户有特殊的快递要求，则需要联系客服补齐邮费的差价，如图3.4.16所示。

3. 关于收货和验收的物流说明

对于一些特殊商品，如易碎品、易腐品、须自行安装（有配件）商品及其他在收货时容易发生纠纷的商品，商家有必要对收货和验收做出清晰的说明，如图3.4.17所示。

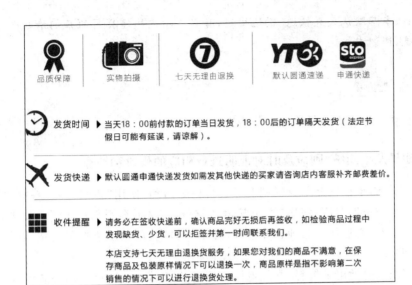

图 3.4.16 "御食园佳惠专卖店"中关于物流的说明

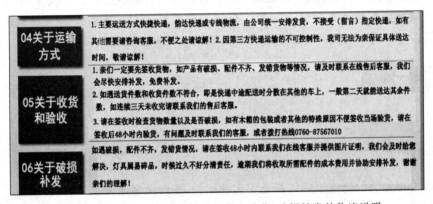

图 3.4.17 某灯具描述中关于收货和验收、破损补发的物流说明

 做一做

在淘宝网(www.taobao.com)找两篇写得较好的物流说明。

二、根据自身实际情况设计撰写物流运费说明

参考了别家的物流说明后,应该结合自身的实际情况进行物流说明文案设计:小松鼠贸易有限公司经常推出各种各样的包邮活动,最近适逢"六一"儿童节,公司决定推出满61元部分地区包邮活动;李辉认为有必要把默认的快递公司告知顾客,如果顾客需要指定别的快递公司是需要补交差价。针对以上的情况,可以为小松鼠贸易有限公司设计物流说明文案。

号外、号外,小松鼠全场满61元包邮啦,新疆、西藏地区除外,暂不支持港、澳、台及海

外地区销售;本店默认天天快递、韵达快递,有需要指定快递公司的亲们请联系客户补交邮费差价哦,谢谢支持。

为小松鼠贸易有限公司设计一份物流说明。

三、如果发生纠纷,则应及时对说明进行相应的修改和补充

一般情况下,小松鼠是部分促销商品进行包邮活动,使用"包邮运费"模板,另外部分商品收取正常的快递费用,使用"不包邮运费"模板。这天客服部通报了一则差评:买了一样包邮的东西,心想加上其他也能包邮,结果不但不包邮,还叠加了运费,花了40元钱运费,真心差。

虽然客服及时做出了解释,并且退回了运费,顾客修改了差评,但是店铺经不起这样的差评折腾呀。赶紧查找原因,发现包邮和不包邮商品通过购物车一起购买,运费确实会叠加,这跟电商平台设置有关。只能通过客服在后台对订单的运费进行改价,所以在物流说明中要提醒顾客联系客服修改运费。李辉需要根据这次的纠纷及时对物流说明做补充:亲们通过购物车购买时可以提交订单后联系客服修改运费哦。

你会怎样补充这份物流说明呢?

活动评价

李辉发现完善的物流说明能避免很多的纠纷,是帮助客服人员节省时间、减少交易纠纷的良好途径。同时,物流说明也要根据店铺的促销活动不断更新。

任务5 了解跨境电商环境下的物流服务

情景再现

【人物】杨经理、李辉、客服小薇

【地点】办公室QQ会话

【对话】

客服小薇(发起与李辉的QQ会话):李主管,今天早上我接到一个昨天半夜下的订单,订单的收货地址是新加坡,怎么办,你们能发货吗?

李辉:哦?还没有发过新加坡的货,也不知道我们常用的几个快递公司收不收件。

客服小薇:那怎么办?目前还没有联系上这位客户,不知道能否劝她退款?

李辉：那这位客户应该是支付了运费的吧？

客服小薇：嗯！她是自助购物的,购买的商品使用的运费模板有海外运费,1kg以内支付了100块钱运费。

李辉：好,待我跟杨经理沟通一下,尽快回复你。

李辉（发起与杨经理的QQ会话）：杨经理,刚才客服小薇跟我反映了一个特殊的订单。该订单的收货地址是新加坡,客户购买的商品在1kg以内,支付了海外运费100元。我们目前还没有发过到新加坡的货,这笔订单需不需要客服联系客户取消？还是继续发货？

杨经理：目前快递业发达,只是一个发往新加坡的小件,应该没问题吧？

李辉：我对国际快件了解不深,目前对于发往新加坡的快递需要使用什么快递公司、运费是多少毫无头绪。

杨经理：其实公司未来也想涉足跨境电商,市场部现正考虑在哪个平台向国际销售我们的产品。届时,物流发货也要跟上步伐。你就趁着这个订单,好好了解跨境电商物流。另外,既然客户已经下单,也支付了运费,那我们还是应该坚持发货,以免带来不好的客户体验。

李辉：好的,我尽快把这件事情办妥。

任务分解

李辉要从广州发一件1kg内的包裹到新加坡,预收运费100元。他要趁着这个订单好好认识跨境电商的物流服务,然后了解如何计算国际快递的运费,并为这份包裹选择一家合适的快递公司,认真填写运单后发货。

因此,本任务可以分解为4个活动：认识跨境电商的物流模式、比较和选择国际快递、掌握国际运费的计算、填写国际快递运单。

设备准备

能上网的办公电脑。

活动1 认识跨境电商的物流模式

活动背景

李辉还没有发过到海外的货,他对跨境电商的物流服务毫无头绪。公司在不久的将来就会涉足跨境电商业务,届时电商物流部必须全面配合。因此,他要赶紧了解"跨境电商"这个最近很火的新兴事物,还有与之配套的跨境电商物流。

活动实施

一、认识什么是跨境电商

跨境电子商务主要是指买卖双方处于不同的国家或地区,通过互联网在电商平台上进行商品展示、浏览、下单、支付等"线上"活动,再通过国际快递等"线下"活动完成交易的一种电子商务模式。跨境电子商务包括了进口跨境电商和出口跨境电商。通俗的说,进口跨境电商又叫"海淘""代购"。国内买家通过国外电子商务网站或者国内代购网店下单,货物从国外通过国际快递公司直邮到国内,或者由代购通过一般贸易进口再通过国内快递邮寄到买家手中。出口跨境电商则相反,国外的买家通过网络下单,然后国内卖家通过多种途径把商品送到买家手中。形象的运作流程如图3.5.1所示。

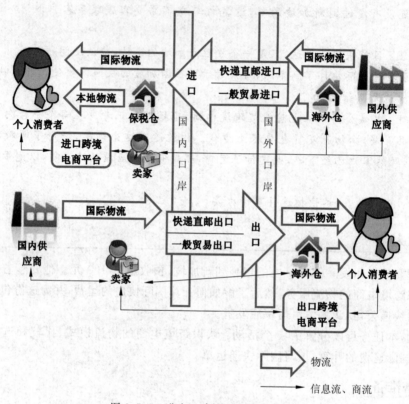

图3.5.1 进出口跨境电商运作流程

查找资料了解更多的跨境电商内容,结合图3.5.1,口头描述进口跨境电商与出口跨境电商的运作流程。

跨境电商与国内电商有着极大的区别,原因在于交易双方处于不同的国境中,交易时会涉及海关、检验检疫、货币汇率等问题。而且,国内的物流企业鞭长莫及,鲜有企业能把物流网点开设到海外。因此,跨境电商所使用的物流服务供应商不再是国内电商常用的物流服务供应商。

跨境电商与国内电商的区别在哪里？

二、了解跨境电商的物流模式

目前，支付与物流是制约跨境电子商务发展的两大瓶颈。物流与电商密不可分，想要把商品卖到国外就要解决物流这个大问题。国际物流通常使用空运、海运，而且还涉及清关、关税、商检等问题。因此导致其费用居高不下或者运输时长难以接受。近年来，随着跨境电商的发展，出现了不少解决费用及时效等难题的新兴物流模式，如海外仓模式、保税物流模式等。目前，常见的跨境电商物流模式有以下几种。

1. 国际邮政包裹模式

各国的邮政系统发展历史悠久，网络成熟，如中国邮政、新加坡邮政等。在跨境电商兴起之初，邮政包裹是最好的选择。其特点是费用低，清关容易。但其在时效性、安全性、追溯性等方面存在劣势，对商品的体积、重量与形状也有较大的限制。因此，国际邮政包裹也称为国际邮政小包，仅适合较小的包裹。

另外，中国邮政速递物流股份有限公司与各国（地区）邮政合作推出中国与其他国家或地区寄递特快专递（EMS）邮件服务，该特快专递服务具有国际邮政小包的优点，同时递送时效也大大缩短。

2. 国际快递公司模式

国际快递是指商品由 UPS、FedEx、TNT、DHL 等国际化的大型快递公司来实现商品的送达，如图 3.5.2 所示。国际快递具备时效性高、丢包率低、服务质量好、信息化程度高等优点，但其价格较高，能配送商品限制性较高。

图 3.5.2　四大国际快递 Logo

3. 海外仓模式

海外仓是较新的跨境电商物流模式。卖家预先在输入国建设或租赁仓库，采用成本较低的国际运输方式提前将商品送达该仓库。在线上实现商品的销售后，采用当地的物流直接从仓库发货与配送。大卖家和小卖家都可以采用海外仓模式进行跨境电商销售。海外仓能有效解决物流时间、成本、商品本地化、退换货等问题。但是,如果某样商品滞销,会让仓储成本不断上升,从而带来风险。

"出口易物流"和"递四方速递"是两家专门为跨境电商提供海外仓储服务的物流服务供应商,查找资料,了解他们是如何运作的,做成PPT向同学们展示。

4.保税物流模式

保税物流是指预先将商品送至自贸区或保税区仓库,在线上实现商品销售后,再从保税区配送到相应地区。这个物流模式是依托保税区发展而来的,其能够实现规模经济效益,利于降低物流成本、缩短物流时间,还利于享受自贸区或保税区的优惠政策。

5.国际物流专线模式

国际物流专线是指针对特定国家或地区推出的跨境专用物流线路。其特点是时效较国际邮政包裹快,费用比国际快递低,但是具有区域局限性,只能送达特定区域。国内一些快递公司能提供专线服务。

活动评价

李辉总结了跨境电商常用的物流模式:国际邮政包裹模式、国际快递公司模式、海外仓模式、保税物流模式、国际物流专线模式。

活动2 比较和选择国际快递

活动背景

李辉认识了跨境电商的物流模式有国际邮政包裹模式、国际快递公司模式、海外仓模式、保税物流模式以及国际物流专线模式。考虑到这次只需要完成收货地为新加坡、重量为1kg的包裹的物流运输,李辉认为国际邮政包裹模式和国际快递公司模式比较符合要求。那么,中国邮政、中国邮政EMS、四大国际快递公司他们之间有什么不同呢?我们要比较比较,然后进行选择。

活动实施

一、查找资料,比较几家常见国际快递的优缺点

1. DHL中外运——敦豪

DHL于1986年12月1日在北京正式成立。合资双方为中国对外贸易运输集团总公司和敦豪国际航空快递公司,双方各占一半股权。提供国内、国际航空快件递送服务。

优点:速度较快,且较稳定。

缺点:运费较高。

2. UPS 联合包裹

UPS 国际快递于 1907 年作为一家信使公司成立于美国。如今,UPS 是一家全球性的国际快递承运商与包裹递送公司。

优点:作为美国公司,到美国快件首选。速度相对较快,且较稳定。

缺点:运费较高。

3. TNT 天地快递

TNT 国际快递集团是全球领先的快递和邮政服务提供商,总部设在荷兰。早在 1988 年,TNT 就已进入中国市场,其国际快递服务范围覆盖中国 500 多个城市。

优点:作为荷兰公司,发往当地甚至欧洲的快件速度、清关等都较有优势。

缺点:运费较高,但比 DHL、UPS 价位要低。

4. FedEx 联邦快递

FedEx 隶属于美国联邦快递集团(FedEx Corporation),是集团快递运输业务的中坚力量。

联邦快递集团为遍及全球的顾客和企业提供涵盖运输、电子商务和商业运作等一系列的全面服务。

优点:速度较快。

缺点:运费高。

5. EMS 中国邮政速递

EMS 为国家邮政局直属全资公司,主要经营国际、国内 EMS 特快专递业务,是中国速递服务的最早供应商,也是目前中国国际快递速递行业的最大运营商和领导者。EMS 提供的国际及中国港澳台地区特快专递与各国(地区)邮政、海关、航空等部门紧密合作,打通绿色便利邮寄通道。

优点:价格较低,通关较便利。

缺点:时效不稳定,缺乏控制。

6. 顺丰速运

顺丰速运是国内服务质量最好的民营快递公司。目前,顺丰积极拓展国际件服务,已开通美国、日本、韩国、新加坡、马来西亚、泰国、越南、澳大利亚、蒙古、港澳台等国家及地区的快递服务。

优点:价格较四大国际快递低,国内服务质量高。

缺点:可达国家线路较少。

二、列表整理,以备选用

国际快递公司的揽收业务通常交给一些较小型的快递公司进行代理。这些小型快递公司通过一定的业务量拿到较低的折扣,然后以国际快递公司的名义推广揽收业务,从中赚取差价。所以,发货可以直接通过这些快递公司官网下单(如 EMS 就非常方便),也可以找到这些代理下单。

查找资料,完成表3.5.1的整理。

表 3.5.1 国际快递公司列表

国际快递公司	优势区域	官方网站	选用条件
DHL	西欧	http://www.cn.dhl.com	货物价格较高、对货运时间有要求、追求服务质量时
UPS	西欧、美洲	https://www.ups.com/cn	
TNT	东欧	http://www.tnt.com.cn/	
FedEx	东亚	http://www.fedex.com/cn/	
EMS	澳大利亚、日本、韩国和美国	http://www.ems.com.cn	对货运时间要求不高,货物体积较大,注重运费成本时
顺丰速运	东亚、东南亚	http://www.sf.express.com/cn	发往韩国、新加坡、中国港澳台地区时
……	……	…	……

活动评价

李辉整理出了一个国际快递公司列表,以便于以后他需要再发海外件的时候用。我们都应该养成这样的习惯——在查找资料,学习后,及时整理笔记或资料,以便日后使用。

活动3 掌握国际运费的计算

活动背景

选择快递公司第一要看价格,第二要看物流服务,对于国际快递的选择也离不开这两条原则。因此,需要了解各个国际快递公司运费的计算,经过比较后才能做出最后的选择。

活动实施

一、了解国际运费的计费方式

四大国际快递、EMS以及国际邮政小包是最常用的国际物流方式,他们的计费方式有些差别。图3.5.3来源于阿里巴巴旗下全球速卖通网站的速卖通大学。

二、掌握国际物流运费计费公式

与国内快递相同,寄送货物有按实际重量计费和按体积重量计费等两个运费计算标准。国际物流通常以0.5kg为一个计费重量单位,第一个0.5kg为首重,第二个0.5kg为续重。

物流方式		服务介绍及优势线路	计费方式	费用比较	运输时效	平台收货期	货物跟踪	适用产品
商业快递	UPS	世界最大的快递公司,强势线路是美洲和日本	• 实重和体积取高者计费 • 高公斤段按单位价格计费 • 每月更新燃油附加费 • 有偏远地区附加费等杂费	较贵	2~5天	23天	• 官方网站查询 • 信息准确 • 可通过参考信息查询	• 货物价格较高 • 对运输时效性要求较高 • 追求质量和服务的
	DHL	欧洲最大的快递公司,强势线路是欧洲、西亚和中东						
	FedEx	美国快递公司。东南亚价格、速度优势名显;美国、加拿大也较有优势。						
	TNT	荷兰最大的快递公司;西欧国家清关能力较强						
中国邮政EMS		邮政渠道的国际特快专递,在各国(地区)邮政、海关、航空等部门均享有优先处理权	• EMS直达国家只按实重计费,无燃油附加费,无偏远地区附加费 • 非直达国家按实重和体积高者计费,有6%燃油附加费	中等	5~8天	27天	• 官方网站查询	• 运输时性要求一般 • 货物体积相对较大 • 比较注重运输成本
邮政包裹	中国邮政航空包裹	通过中国邮政或香港邮政将货物发往国外。到达买家所在的国家(地区)之后,通过当地的邮政系统送达买家手中	• 只按产品包装后的实重计费 • 小包首重和续重都以100g计,大包首重和续重都以1kg计 • 无偏远地区附加费 • 无燃油附加费	较低廉	7~14天	39天	• 挂号后才可以跟踪 • 出境许多目的国家无法跟踪 • 查询的周期很长	• 对运输成本较敏感 • 运输时效性要求不高 • 货物体积较大 • 货物价值较低
	香港邮政航空包裹							

图 3.5.3 国际物流方式的计费方式介绍

资料来源:全球速卖通大学,http://seller.aliexpress.com/education/store/freight/charge.html。

(1) 计算体积重量。

FedEx、UPS、DHL、TNT 的体积重量(kg)=长(cm)×宽(cm)×高(cm)/5 000

EMS 的体积重量是体积重量(kg)=长(cm)×宽(cm)×高(cm)/6 000

注意:长、宽、高测量值精确到厘米,厘米以下去零取整。

(2) 当需寄递物品实际重量大于体积重量时,运费计算方法如下。

$$运费=首重运费+[重量(kg)\times2-1]\times 续重运费$$

例:5kg 货品按首重 100 元、续重 30 元计算,则运费总额为:$100+(5\times2-1)\times30=370(元)$。

(3) 当需寄递物品实际重量小于体积重量时,运费须先计算体积重量,再代入运费公式计算运费。按体积标准收费,然后再按上列公式计算运费总额。

国际快件与国内快件运费计算的区别在于,有些国际快件需要加上燃油附加费、代理报关费、挂号费等费用,因此,国际物流运费的计费公式可以总结如下。

$$总费用=(运费+燃油附加费)\times 折扣+包装费用+其他费用$$

例:小松鼠贸易有限公司想寄 1kg 普货包裹从广州到中国香港,选择 EMS 特快专递,首重 500g 80 元,续重 500g 或其零数 20 元,燃油附加费 10%,折扣为 9 折。总运费多少?

答:

$$运费=80+(1\times2-1)\times20=100(元)$$

$$总费用=100\times(1+10\%)\times90\%=99(元)$$

三、使用官方网站计费工具计费

各个快递公司的官方网站都有可以查询到资费情况,如图 3.5.4 所示,是 EMS 的计费页面。

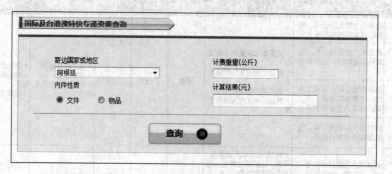

图 3.5.4　EMS 国际及台港澳特快专递资费查询
资料来源：http://www.ems.com.cn/serviceguide/zifeichaxun/zi_fei_cha_xun.html。

图 3.5.5 所示是 FedEx 官网的运费查询工具，该工具比 EMS 复杂得多，运费也精确得多。在该工具中，需要使用英语填写始发地、目的地、包裹的数量、重量、物品名称、是否需要货物包装、海关申报价值等详细信息，才能得到报价。

图 3.5.5　FedEx 官网的运费查询工具

如从广州快递价值 200 元的坚果到香港地区，香港地区收货人所在地址是住宅（在香港地区，收货地址非商业区域需要加收费用），使用快递箱包装。根据以上信息，在 FedEx 官网的费率和运送时间查询中，得到以下结果，如图 3.5.6 所示。可以看到，使用 FedEx 寄送，至少需要 166 元。

到顺丰速运官方网站进行资费查询，查询结果如图 3.5.7 所示。

到其他几个国际快递公司官方网站查询相关资费。

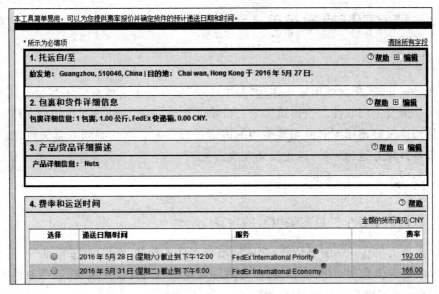

图 3.5.6 查询 FedEx 资费结果

图 3.5.7 顺丰速运资费查询结果

活动评价

李辉经过比较,EMS 需要 99 元运费,FedEx 需要至少 166 元运费,顺丰速运仅需 30 元的运费。因此,他决定使用顺丰速运"顺丰次晨"服务。

活动4 填写国际快递运单

活动背景

李辉经过比较,决定使用顺丰速运"顺丰次晨"服务。于是他打通了客服热线95338,让顺丰的快递员上门收件。快递员带来一份快递运单,与国内快递运单相似,只是快递员要求海外快递最好使用英语或当地通用的语言进行填写。李辉看到有点头疼,他要花一点时间来好好填好这份运单,以免投递失败。

活动实施

一、认识运单各个栏目需要填写的内容

(1) 寄件人信息——需要清晰、明确地填写寄件人姓名、地址、联系电话等。

(2) 收件人信息——用英文详细填写收件人姓名、公司、收件地址、联系电话等,如果是发EMS还需要填写对方的邮政编码。

(3) 商品信息——国际快件对所寄物品信息要求非常高,为便于清关,应准确、真实地填写品名、件数、重量、申报价值及原产国等信息。

做一做

找一份国际快递运单(也称为详情单),如EMS国际快递详情单,如图3.5.8所示,学习填写相关栏目。

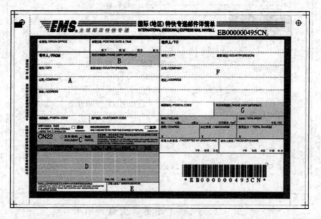

图3.5.8 EMS国际特快专递邮件详情单

二、了解填写国际快递运单时需要注意的问题

(1) 寄件人在交寄快件时应使用英文或法文逐项详细、准确、如实地填写,填写要清晰。

(2) 收、寄件人名地址应详细准确,且应尽可能提供电话号码,以便在快件出现问题时能及时联系,在使用邮政寄件时一定要写上邮政编码。

(3) 为保证快件顺利通关,寄件人应该在相应栏目内用英文详细、如实向海关申报快件内件(包括文件资料)的品名、件数、重量、申报价值及原产国等项目,同时任何物品类快件都应随附以英文填写的商业发票一式三份,否则将可能导致通关延误。

(4) 申报价值涉及关税问题,最好如实填写。

活动评价

李辉按照客户给出的地址认真地填好了快递详情单,并把货物交给了快递员。至此,小松鼠贸易有限公司的第一笔海外交易已经完成了大半。最后,还要根据快递号进行跟踪,两三天内确保快件顺利送达。

项目总结

本项目介绍了电商物流部管理岗位的技能。这些技能让学有余力的同学们得以进一步地学习,从而让自己在职业生涯中有更大的晋升可能。

相对于项目二中的操作型技能,项目三的技能属于知识型的技能。这些进阶版的技能包括:日常管理、运用物流信息技术、选择电商物流模式、管理第三方物流服务供应商、了解跨境电商环境下的物流服务。随着这些技能的掌握,同学们得以摆脱呆板的流水式操作,开始从管理者的角度考虑企业的发展。

本项目带领大家学习了岗位的升级技能。

项目检测

一、单选题

1. 仓库盘点的检查量是最终查明库存商品的(　　)。
   A. 账面数量　　B. 购买数量　　C. 实际库存数量　　D. 生产数量
2. 湿度表示(　　)。
   A. 雾气的多少　　B. 含水量的多少　　C. 降雨量的多少　　D. 含水程度
3. 长形木材可以采用的堆码方式是(　　)。
   A. 散堆法　　B. 堆垛法　　C. 货架存放法　　D. 托盘堆码法
4. 过户是一种就地划拨的出库形式,物品虽未出库,但是(　　)已从原存货户头转移到新存货户头。
   A. 所有权　　B. 使用权　　C. 存储权　　D. 出售权
5. 关于全面盘点的叙述,不正确的是(　　)。
   A. 盘点前停止一切仓库内操作　　B. 及时处理超储存货
   C. 及时处理呆滞存货　　D. 主要针对价值高的存货
6. 装车积载的基本前提是(　　)。
   A. 先送先装　　B. 先大后小　　C. 先小后大　　D. 先送后装
7. 下图是(　　)托盘化堆码方式。
   A. 重叠式　　B. 纵横交错式　　C. 正反交错式　　D. 旋转交错式

8. 空气湿度太低时的处理措施是（　　）。
　　A. 在仓库内摆放生石灰　　　　　　B. 增加仓内空气流通
　　C. 直接在货物表面洒水　　　　　　D. 特殊仓库可采取升温的方法
9. （　　）是将每票物品按件排成行或列排放，每行或列一层或数层高，垛形呈长条形。
　　A. 行列垛　　　B. 立体梯形垛　　　C. 平台垛　　　D. 井型垛
10. 下面描述中不是人工播种式分拣作业的主要步骤的是（　　）。
　　A. 摘取总量　　　　　　　　　　　B. 搬运至待出货区
　　C. 搬运至分货区　　　　　　　　　D. 分货
11. WMS 表示（　　）。
　　A. 仓库管理系统　　　　　　　　　B. 仓库信息系统
　　C. 仓库控制系统　　　　　　　　　D. 仓库联系网络
12. （　　）是指企业间利用通信网络（WAN 或互联网）和终端设备以在线（on-line）方式进行订货作业和订货信息交换的系统。
　　A. EOS　　　B. POS　　　C. GPS　　　D. EAN
13. 条码扫描译码的过程是（　　）。
　　A. 光信号→数字信号→模拟电信号　　B. 光信号→模拟电信号→数字信号
　　C. 模拟电信号→光信号→数字信号　　D. 数字信号→光信号→模拟电信号
14. EDI 是一套（　　），它利用计算机的数据处理和通信功能，将交易双方的文件转变成标准格式，再经通信网络传输给对方。
　　A. 标准代码　　　　　　　　　　　B. 翻译文件系统
　　C. 报文通信工具　　　　　　　　　D. 密码
15. 射频识别技术的信息载体是（　　）。
　　A. 射频模块　　B. 读写模块　　C. 射频标签　　D. 天线
16. （　　）具有实时监控、双向通信、动态调度、数据存储、分析功能。
　　A. GIS　　　B. RFID　　　C. EAN　　　D. GPS
17. （　　）是对整个仓储库外作业发起的集中处理系统。
　　A. 决策分析系统　　　　　　　　　B. 仓储管理系统
　　C. 订单管理系统　　　　　　　　　D. 商务结算系统
18. 数据符包含条形码表达的（　　）。
　　A. 商品　　　B. 信息　　　C. 商品名称　　　D. 特定信息
19. 根据射频标签工作方式分为，（　　）、被动式和半被动式三种类型。

A. 只读式　　　　　　　　　　B. 主动式
　　C. 一次性编程只读式　　　　　D. 可重复编程只读式

20. EDI 工作系统的第一步程序是（　　）。
　　A. 将纸面文件转换为标准格式的 EDI 数据文件
　　B. 将纸面文件翻译成数据文件
　　C. 将一般文件转换成标准文件
　　D. 将文件格式化

21. 在电子商务下，以下（　　）不能完全通过计算机和网络通信设备实现。
　　A. 商流　　　B. 资金流　　　C. 物流　　　D. 信息流

22. 企业为把资源用于主要的核心的业务上，就适合把物流管理（　　）。
　　A. 自营　　　　　　　　　　B. 一半自营一半交给物流公司
　　C. 交给第三方物流公司　　　D. 交给第四方物流公司

23. 虚拟物流是指以（　　）技术进行物流运作与管理，实现企业间物流资源共享和优化配置的物流方式。
　　A. EDI　　　B. 条形码　　　C. 信息　　　D. 计算机网络

24. 以下不适合选择自营物流模式是（　　）电子商务。
　　A. B2B　　　B. C2C　　　C. B2C　　　D. B2G

25. （　　）该法指电子商务企业通过分析比较物流市场上不同交易费用的大小而选择物流模式的方法。
　　A. 功能分析法　　　　　　B. 优劣势比较分析法
　　C. 交易费用比较法　　　　D. 矩阵选择法

26. 电子商务下物流模式的内涵可以用以下公式来表述（　　）。
　　A. 电子商务物流模式＝网上信息传递＋网上交易＋网上结算
　　B. 电子商务物流模式＝网上信息传递＋网上交易＋门到门配送服务
　　C. 电子商务物流模式＝网上交易＋网上结算＋门到门配送服务
　　D. 电子商务物流模式＝网上信息传递＋网上交易＋网上结算＋门到门配送服务

27. 建立物流联盟模式的基本条件是（　　）的成熟。
　　A. 第一方物流　　B. 第二方物流　　C. 供应链系统　　D. 第三方物流

28. 在矩阵图决策法中，若企业位于图中的第一象限，则应当选择（　　）。
　　A. 自营配送　　B. 第三方配送　　C. 互用配送　　D. 共同配送

29. 电子物流最显著的特点是（　　）。
　　A. 智能化　　　　　　　　B. 各种软件与物流服务的融合应用
　　C. 柔性化　　　　　　　　D. 提供整套供应链解决方案

30. 目前在中国，大多数的网上书店、竞拍网站、体育用品网站都是利用（　　）物流模式实现物品配送的。
　　A. 中央直属的专业性物流企业　　B. 地方专业性物流企业
　　C. 中国邮政及其第三方邮政物流模式　　D. 自营物流

31. 使用中国邮政小包的优势是（　　）。
    A. 速度快　　　　　B. 服务质量高　　　C. 可实时跟踪　　　D. 派送范围广
32. 电商企业对物流服务的需求不包括（　　）。
    A. 成本需求　　　　　　　　　　　　　B. 时效需求
    C. 派送范围需求　　　　　　　　　　　D. 服务质量需求
33. 快递小帮手（http://www.chakd.com）可以提供（　　）服务。
    A. 快递费用查询　　　　　　　　　　　B. 快递货物跟踪
    C. 快递公司简介　　　　　　　　　　　D. 快递服务热线
34. 四大国际快递公司提供的国际快递服务的优点是（　　）。
    A. 速度快、服务质量高　　　　　　　　B. 价格便宜
    C. 通关便利　　　　　　　　　　　　　D. 容易控制
35. 以下不属于人们常说的"四大国际快递公司"的是（　　）。
    A. DHL　　　　　　B. TNT　　　　　　C. FedEx　　　　　D. EMS

二、多选题

1. 防止商品霉腐应注意（　　）。
    A. 商品质量要符合质量标准
    B. 控制仓库内的湿度
    C. 注意包装材料的霉腐
    D. 防止商品在仓储过程中受雨、雪、水浸的危害
2. 盘点的内容包括（　　）。
    A. 数量　　　　　　B. 保管条件　　　　C. 安全　　　　　　D. 质量
3. 码垛的基本要求是（　　）。
    A. 美观　　　　　　B. 牢固　　　　　　C. 定量　　　　　　D. 整齐
4. 盘点差异的常见原因有（　　）。
    A. 漏盘、错盘　　　B. 数据记录错误　　C. 被盗　　　　　　D. 收货时多收
5. 物品出库要求做到"三不、三核、五检查"，其中"三核"是指在发货时要核实（　　）。
    A. 凭证　　　　　　B. 账卡　　　　　　C. 实物　　　　　　D. 货物质量
6. GPS系统包括的三大部分是（　　）。
    A. 工具部分　　　　B. 空间部分　　　　C. 地面控制部分　　D. 用户设备部分
7. 射频识别系统通常由三部分组成（　　）。
    A. 计算机网络系统　　　　　　　　　　B. 识读器
    C. 时钟　　　　　　　　　　　　　　　D. 射频标签
8. 物流EDI的优点在于（　　）。
    A. 提高信息分享流通效率　　　　　　　B. 成本较低
    C. 降低物流成本　　　　　　　　　　　D. 安全性较好
9. 完整的GIS物流分析软件集成了（　　）和设施定位模型等。
    A. 车辆路线模型　　　　　　　　　　　B. 最短路径模型

C. 网络物流模型　　　　　　　　　D. 分配集合模型

10. 条码是实现(　　)的技术基础。
    A. POS 系统　　B. EDI　　C. 电子商务　　D. 供应链管理

11. 电子商务的发展(　　)。
    A. 扩大了企业的销售范围　　　B. 改变了消费者的购物方式
    C. 促进了物流行业的发展　　　D. 不再需要送货上门

12. 以下选项,属于电商物流模式的类型的是(　　)。
    A. 自营配送模式　　B. 第四方物流　　C. 物流联盟　　D. 虚拟物流

13. 所谓物流一体化,就是以物流系统为核心的由(　　)直到消费者供应链的整体化和系统化。
    A. 生产企业　　B. 信贷企业　　C. 销售企业　　D. 物流企业

14. 新型物流配送与传统物流模式相比,有(　　)等诸多特征。
    A. 信息化　　B. 社会化　　C. 现代化　　D. 自动化

15. 第三方物流在国外也称(　　)。
    A. 合同物流　　B. 外包物流　　C. 代理物流　　D. 物流外协

16. 第三方物流服务供应商是指独立于买、卖双方的第三方企业,他们可以为买方(收货人)或卖方(发货人)提供专业化的物流服务,这些物流服务具有(　　)的特点。
    A. 个性化　　B. 信息化　　C. 专业化　　D. 国际化

17. 快递之家(http://www.kiees.cn/)向用户提供的服务是(　　)。
    A. 快递货物跟踪　　　　　　B. 快递网点查询
    C. 快递公司简介　　　　　　D. 快递费用查询

18. 淘宝运费模板的计价方式有(　　)。
    A. 按重量　　B. 按体积　　C. 按总价　　D. 按件数

19. 以下属于跨境电商的物流模式的是(　　)。
    A. 国际邮政包裹模式　　　　B. 国际快递公司模式
    C. 海外仓模式　　　　　　　D. 保税物流模式

20. EMS 提供的国际及台港澳特快专递的优点是(　　)。
    A. 价格便宜　　B. 通关便利　　C. 时效稳定　　D. 容易控制

三、判断题

1. 某物料的最后异动日至盘查时,其间隔时间超过 180 天者,界定为呆滞物料。(　　)
2. 纵横交错式堆码的优点是操作简单,缺点是稳定性差、易倒垛。(　　)
3. 摘果法可以缩短拣取时的行走搬运距离,增加单位时间的拣取量。(　　)
4. 灯距,严格规定大于等于 0.5m。(　　)
5. 生物学杀虫法就是利用害虫的天敌和人工合成的昆虫激素类似物来控制和消灭害虫。(　　)
6. 条形码的制作一般用印刷、通过条码打印机或激光雕刻机打印条形码。(　　)
7. 商务结算系统对仓储流程中用到的一些第三方客户信息等的维护。(　　)

8. EOS 系统可以缩短订购商品的交货期,减少处理商品订单的出错率并节省人工费。( )
9. 射频识别技术的核心是电磁理论的运用。( )
10. GPS 是指直接或间接与地球上的空间位置有关的信息。( )
11. 电子商务物流拓展了物流的时间和空间,但对物流的高效化影响不大。( )
12. 理论上物流联盟规模越大,可获得的总体效益越大。( )
13. 第三方物流是指一个供应链的集成商。( )
14. 电子商务的支持是现代物流技术水平得以实现的重要保障。( )
15. 只有第三方物流模式发展到一定程度时才能做好虚拟物流。( )
16. 国内快递的服务质量参差不齐,货物安全缺乏保障。( )
17. 汽车托运和火车托运一样,都不能提供门到门派送服务。( )
18. 跨境电子商务主要指出口跨境电商。( )
19. 跨境电商所使用的物流服务供应商和国内电商常用的物流服务供应商一致。( )
20. 在国际快递服务中,当需寄递物品实际重量小于体积重量时,计费重量应使用实际重量。( )

四、简答题

1. 简述仓储货物盘点程序。
2. 商品霉腐的防治的方法有哪些?
3. 简述出库作业程序。
4. 试述 EDI 的主要功能。
5. 说说射频识别系统的优点。
6. 简述仓储管理系统的 3 个层面。
7. 简述电商物流模式的选择因素。
8. 简述绿色物流的实施对策。
9. 在与第三方物流服务供应商合作的过程中,要注意哪些事项?
10. 填写国际快递运单时需要注意哪些问题?

五、实训题

1. 盘点与养护。
(1) 选择当地一家物流公司或工商企业的配送中心或仓库,进行现场调查。
(2) 具体记录该仓库物资盘点和养护的信息。
① 盘点的物资;盘点的时间;盘点的方法;盘点的内容;盘点的程序,盘点结果的处理。
② 养护的物资;养护的时间;养护的内容;养护的技术。
(3) 调研结束后,完成报告。
(4) 各小组委派一名同学在课堂上陈述调研结果。
实训中应注意安全。
2. 电子商务物流运作模式——阿里巴巴集团。

(1) 搜集阿里巴巴集团的发展历程及主要业务内容。

(2) 阿里巴巴集团的电子商务物流模式：

① 该集团采用哪种物流模式？

② 其中由什么平台支持该种物流模式？

③ 阿里巴巴选择该种物流模式对其自身的影响(分内部和外部)。

(例如：自营模式,第三方物流模式,企业联盟模式等。)

(3) 阿里巴巴电子商务物流体系。

① 物流信息系统(订单信息,数据传递、搜集等)。

② 物品配送体系,货物配送制等。

③ 阿里巴巴电商物流体系发展及存在的主要问题。

(4) 编写实训报告,实训数据必须完整。

(5) 各小组委派一名同学在课堂上陈述实训报告。

实训中应注意安全。

3．设置运费模板。

(1) 在淘宝后台设置一个名为"部分包邮"的运费模板,按件数计费,全国包邮,但偏远地区(新疆、西藏)、中国港澳台地区及海外不包邮。

(2) 在淘宝后台设置一个名为"满100包邮"的运费模板,设置全国满100包邮,偏远地区(新疆、西藏)除外。

(3) 截图展示。

4．填写国际快递详情单。

(1) 找一份国际快递运单(也称为详情单),如EMS国际快递详情单,如图3.5.8所示。

(2) 学习填写相关栏目。

(3) 小组交流,相互指正。

项目检测答案

项目一

一、单选题
1. C 2. C 3. A 4. C 5. D

二、多选题
1. ABCD 2. BCD 3. ABD 4. BD 5. ABCD

三、判断题
1. √ 2. √ 3. × 4. × 5. ×

四、简答题

1. 电子商务是指通过使用互联网等电子工具(这些工具包括电报、电话、广播、电视、传真、计算机、计算机网络、移动通信等)在全球范围内进行的商务贸易活动。是以计算机网络为基础所进行的各种商务活动,包括商品和服务的提供者、广告商、消费者、中介商等有关各方行为的总和。

2. 现代物流的主要特征包括物流反应快速化、物流功能集成化、物流服务系列化、物流作业规范化、物流目标系统化、物流手段现代化、物流组织网络化、物流经营市场化、物流信息电子化等。

五、实训题

略。

项目二

一、单选题
1. D 2. C 3. D 4. C 5. D 6. D 7. D 8. C 9. C 10. D
11. B 12. C 13. B 14. C 15. B 16. D 17. B 18. B 19. B 20. B
21. A 22. A 23. B 24. C 25. D 26. A 27. D 28. B 29. D 30. C

二、多选题
1. ABC 2. ABC 3. ABCD 4. ABC 5. ABC 6. ABC 7. ABCD
8. ABC 9. ABCD 10. ABC 11. AB 12. ABCD 13. ABCD 14. CD
15. ACD 16. ABCD 17. ABC 18. ABCD 19. AC 20. ABD

三、判断题

1. ×　2. √　3. √　4. √　5. √　6. ×　7. ×　8. ×　9. √
10. ×　11. ×　12. √　13. √　14. √　15. √　16. ×　17. ×　18. √
19. √　20. ×

四、简答题

1. 电子商务的核心职能有：①塑造公司形象；②提高成交率；③提高客户回头率；④更好的用户体验。

2. 电商订单处理的原则：①先收到的订单先处理；②先处理简单订单，再处理复杂订单；③优先处理发货时间最早的订单；④优先处理相同商品的订单；⑤优先处理相同物流的订单；⑥时间控制的及时性（催款、发货、退货、结算、发票等）；⑦订单信息的准确性。

3. （1）快：打印速度提升4~6倍，降低制单人力成本，提升发货的动态评分。

（2）智：订单与运单智能匹配，发货前就知道快递公司和运单号。

（3）优：优化拣货路径，在标准模板下，提高拣货速度。

（4）省：不用手写大头笔，大头笔信息直接打印，提高转运速度。

（5）减：减少抽单环节，不用抽底单，提高交接效率。

（6）简：避免单号浪费，可将打印出来未发货的面单可以回收，无损耗。

4. （1）搬运要求较高，但对速度的考虑较低。

（2）运动线路较固定。

（3）专业化程度高。

（4）标准化程度高。

（5）机械化、自动化程度高。

（6）节能性和经济性要求高。

（7）环保性要求。

5. （1）防超载：货品存放的每层重量不得超过货架设计的最大承载。

（2）防超高超宽：货架层高、层宽已受限制，卡板及货物的尺寸应略小于净空间100mm。

（3）防撞击：叉车在运行过程中，应尽量轻拿轻放。

（4）防头重脚轻：应做到高层放轻货，底层放重货的原则。

（5）防止用不标准的地台板（卡板）在货架上使用，川字底最适合。

（6）货架上方有摆放货物时，操作人员尽量不要直接进入货架底部。

6. （1）仓库的功能。存储是基本功能，除此之外仓库还有其他功能，如加工、拆装、分拣、货物集中等。具备不同的仓库功能或不同的功能组合的仓库，需要对应不同的布局类型。

（2）存储对象的特点。所存的货物的重量、体积、种类、数量、对保管条件的要求、采用的包装方式、整进整出、整进零出、零进整出还是零进零出等不同的特点及不同的特点组合都需要对应不同的布局类型。

（3）执行货位管理的规则。一般分为固定货位存储和随机货位存储两种。固定货位存储是指特定货物的存储位置是固定的;随机货位存储指特定货物的存储位置是随机的,按设定的分配规则则随机分配。若采用不同的货位管理规则,则对应不同的布局类型。

(4) 库存周转情况。如果在库货物的周转率差异比较大,则布局类型不同。

(5) 其他因素。仓储作业方式的选取、整体作业系统的规划、所采用的作业设备等均会给仓库布局带来影响。

7. 播种式分拣策略、摘果式分拣策略、播种式和摘果式相结合策略。

8. 保护与盛载功能、储运与促销功能、美化商品和传达信息的功能、环保与卫生的功能、循环与再生利用的功能。

9. 包装箱:纸箱、微瓦、普瓦、重瓦、蜂窝纸板、展示架。

包装盒:彩盒、卡纸盒、微楞纸盒。

包装袋:塑料包装袋、塑料复合袋、单层塑料袋。

包装瓶:塑料瓶、玻璃瓶、普通瓶、水晶瓶。

包装罐:铁罐、铝罐、玻璃罐、纸罐。

包装管:软管、复合软管、塑料软管、铝管。

其他包装容器:托盘、纸标签、纸隔档、胶带、瓶封、喷嘴、金属盖、泵。

10. 退换货说明包含的内容元素如下。

(1) 顾客的具体信息(顾客的网购账号信息、联系方式信息、收货人信息等)。

(2) 商家的具体信息(若商家还涉及品牌网店下的分类网店的不同划分的,应将商家信息进行记录)。

(3) 商品退换货原因(为了方便网店对相关资料的后续查档,可以分项目提出常见的几种退换货原因,引导顾客选择)。

(4) 需要退换货的商品信息(包括商品名称、型号、数量等)。

五、实训题

略。

项目三

一、单选题

1. C 2. B 3. B 4. A 5. D 6. D 7. C 8. C 9. A 10. B
11. A 12. A 13. B 14. C 15. C 16. D 17. C 18. D 19. B 20. A
21. C 22. C 23. D 24. B 25. C 26. D 27. D 28. A 29. B 30. C
31. D 32. C 33. A 34. A 35. D

二、多选题

1. ABCD 2. ABCD 3. BCD 4. ABCD 5. ABC 6. BCD 7. ABD
8. ACD 9. ABCD 10. ABCD 11. ABC 12. ABCD 13. ACD 14. ABCD
15. ABCD 16. ABC 17. ABC 18. ABD 19. ABCD 20. AB

三、判断题

1. √ 2. × 3. × 4. √ 5. √ 6. √ 7. × 8. √ 9. √
10. × 11. × 12. √ 13. × 14. √ 15. √ 16. √ 17. √ 18. ×
19. × 20. ×

四、简答题

1. 环节一：盘点前准备

(1) 确定盘点的程序与方法。　　　　　(2) 确定盘点时间。
(3) 成立盘点小组,并组织培训。　　　(4) 结清库存资料,印制盘点用表。
(5) 清理盘点现场。　　　　　　　　　(6) 发布盘点通知。

环节二：盘点作业

(1) 初盘。　　　　　　　　　　　　　(2) 复盘。

环节三：盘后工作

(1) 盘后整理。　　　　　　　　　　　(2) 查清差异原因。
(3) 盘点结果处理。

2. 商品霉腐的防治的方法如下。

(1) 加强库存商品的管理。　　　　　　(2) 药剂防霉腐。
(3) 气象防霉腐。　　　　　　　　　　(4) 缺氧气调防霉腐。
(5) 低温防霉腐。　　　　　　　　　　(6) 干燥防霉腐。
(7) 辐射防霉腐。

3. 出库作业程序如下。

(1) 出库凭证审核。
(2) 备货：拣选作业、补货作业、配货(分货)、包装。
(3) 出库验收：品质检验、数量点收。
(4) 出库点交与销账。
(5) 装载发运：车辆的配载；整车发运；零担发运；联合发运。
(6) 清理：清理现场、清理档案。

4. EDI 的主要功能如下。

(1) 电子数据交换。　　　　　　　　　(2) 传输数据的存证。
(3) 报文标准格式转换。　　　　　　　(4) 安全保密。
(5) 提供信息查询。　　　　　　　　　(6) 提供技术咨询服务。
(7) 提供昼夜 24 小时不间断服务。　　(8) 提供信息增值服务等。

5. 射频识别系统的优点如下。

(1) 取方便快捷。　　　　　　　　　　(2) 识别速度快。
(3) 数据容量大。　　　　　　　　　　(4) 使用寿命长,应用范围广。
(5) 标签数据可动态更改。　　　　　　(6) 动态实时通信。
(7) 更好的安全性。

6. 仓储管理系统主要分为 3 个层面：基础层,主要是对库房的划分、第三方货品的基本信息、货品 ABC 的设置、库龄的设置、系统作业环节的配置信息的维护；作业层,主要是对由订单系统发起的任务的调度、反馈,对库内作业的发起、调度、反馈;决策层,主要是对基本信息的统计分析,以便领导层决策,这部分在决策分析系统中也有一部分。

7. 电商物流模式的选择因素如下。

(1) 物流对企业成功的影响度和企业对物流的管理能力。

(2) 企业对物流控制力要求。

(3) 企业产品自身的物流特点。

(4) 企业规模和实力。

(5) 物流系统总成本。

8. 绿色物流的实施对策如下。

(1) 树立绿色物流观念。

(2) 推行绿色物流经营(选择绿色运输、提倡绿色包装、开展绿色流通加工、搜集和管理绿色信息)。

(3) 开发绿色物流技术。

(4) 制定绿色物流法规。

(5) 加强对绿色物流人才的培养。

9. (1) 做好事前调研,选择 2~3 家符合要求的物流公司,并进行诚恳的合作;

(2) 每次发货前都要查询收件地址在不在你所选择的物流公司的派送范围。如果不经查核就发货,有可能会在货物走到一半没有办法走下去,只能选择退回或转发 EMS,从而导致物流成本增高;

(3) 根据自身的发货量与合作的物流公司商量价格折扣,一般发货量越大越稳定能拿到越多的折扣。因此,可以答应物流公司尽量选择其发货。商讨好后,可以签订相应的合同或协议;

(4) 货量少的电商企业可以事先跟物流公司买好快递运单,提前填好,既节省了快递员的等候时间,也方便及时进行后台操作。而货量大的电商企业更可以与合作的物流公司进行信息化对接,使用电子面单、网上下单平台等信息平台进行沟通、交易,这些都能大大提高物流的服务质量;

(5) 把货物交给快递员前,必须验明快递员身份,就算是经常来收件的"熟面孔",也要多留个心眼,有可能他已经辞职了,在你不知情的情况下卷跑你的货物与钱款。

10. (1) 寄件人在交寄快件时应使用英文或法文逐项详细、准确、如实地填写,填写要清晰;

(2) 收、寄件人名地址应详细准确,且应尽可能提供电话号码,以便在快件出现问题时能及时联系,在使用邮政寄件时一定要写上邮政编码;

(3) 为保证快件顺利通关,寄件人应该在相应栏目内用英文详细、如实向海关申报快件内件(包括文件资料)的品名、件数、重量、申报价值及原产国等项目,同时任何物品类快件都应随附以英文填写的商业发票一式三份,否则将可能导致通关延误;

(4) 申报价值涉及关税问题,最好如实填写。

五、实训题

略。

参 考 文 献

[1] 刘春青. 网络推广[M]. 北京：高等教育出版社, 2015.
[2] 刘春青. 网络营销[M]. 北京：清华大学出版社, 2014.
[3] 广东省职业技术教研室. 现代物流基础[M]. 广州：世界图书出版公司, 2012.
[4] 广东省职业技术教研室. 物流配送实务[M]. 广州：世界图书出版公司, 2012.
[5] 广东省职业技术教研室. 物流仓储实务[M]. 广州：世界图书出版公司, 2012.
[6] 广东省职业技术教研室. 电子商务概论[M]. 广州：世界图书出版公司, 2012.
[7] 吴建. 电子商务物流[M]. 北京：清华大学出版社, 2009.
[8] 周云霞. 电子商务物流[M]. 北京：电子工业出版社, 2008.
[9] 廖文硕. 网络客户服务[M]. 重庆：重庆大学出版社, 2016.
[10] 雷颖辉. 电子商务物流[M]. 重庆：重庆大学出版社, 2016.